바람결로
세상을
이롭게

유럽을 느끼며 세상을 배우다

유진제이

오늘도 다정하고 사랑스러운 일상을 보면
그저 반갑고 때로는 그리워 눈물 흘리는 그대와
그 사랑으로 커가는 자녀와 이 땅의 미래인 젊은이들에게
이 책을 바칩니다.

차례

프롤로그 - 6개월의 유럽 여행기 8

PART 1-1. 유럽에서 느끼다 - 영국 이야기 14
넘쳐나는 사람들 17
영국의 박물관들 22
영국의 날씨 30
오이스터 카드(Oyster card) 35
피시앤칩스(Fish & Chips) 37
옥스퍼드 & 케임브리지 대학교 39
보타닉가든(Cambridge University Botanic Garden) 42
정원을 가꾸는 이유 45

PART 1-2. 유럽에서 느끼다 - 런던 이야기 48
영국 어학원, St'giles 51
런던의 직장인들 55
Ashurtst Road 57
런던의 공원들 61
런던에는 여우가 산다 67
런던의 2층버스 72
런던의 이발사 75
런던 타워(Tower of London) 77

PART 1-3. 유럽에서 느끼다 - 그들의 삶과 문화 82

그리운 카페들 85
단순함의 미학 90
결투, 상남자(Macho)들의 세계 93
검은 수탉 95
아시아(Asia) 97
역사, 세월의 흔적 100
사과나무 102
식당 종업원(Waiter & Waitress) 105
밀(Wheat) 107
건강식품(Healthy Food) 110
그라피티(Graffiti) 112

PART 1-4. 유럽에서 느끼다 - 인상적인 공간 116

유럽의 휴게소 119
알자스와 로렌, 그리고 아르누보 122
알자스(Alsace) 와인(Wine) 125
콜마르와 리크위르, 케제르스부르그 129
롱샹 성당(Ron champ) 133
빈사의 사자상 137
프랑스(France)와 스위스(Swiss) 141
룩셈부르크(Luxemburg) 145
광장 그리고 대성당 148
유럽의 강(River) 150

PART 2-1. 유럽에서 배우다 - 왜 친환경인가? 152
친환경 도시 프라이부르크(Friburg) 155
깨끗한 공기 160
산업혁명(Industrial Revolution)과 우리의 미래 163
자본주의(Capitalism) & 친환경(Eco-friendly) 168
재활용(Recycling) & 재사용(Reuse) 172

PART 2-2. 유럽에서 배우다 - 크리스천 178
미소 181
좋은 시스템(System)과 절묘한 균형 185
반반(Fifty-fifty) 188
편견에 대처하는 자세 190
크리스천(Christian) 195

PART 2-3. 유럽에서 배우다 - 운전 문화 이야기 198
질서를 지키면 더 빨리 간다 201
좋은 시스템을 갖춘 유럽의 운전문화 204
세상에 나쁜 민족은 없다 212
남에게 피해 주지 않겠다. 절대로… 216
7년의 유학 생활 219
공사중 221
K-Drive 224
운전 문화 이야기 229

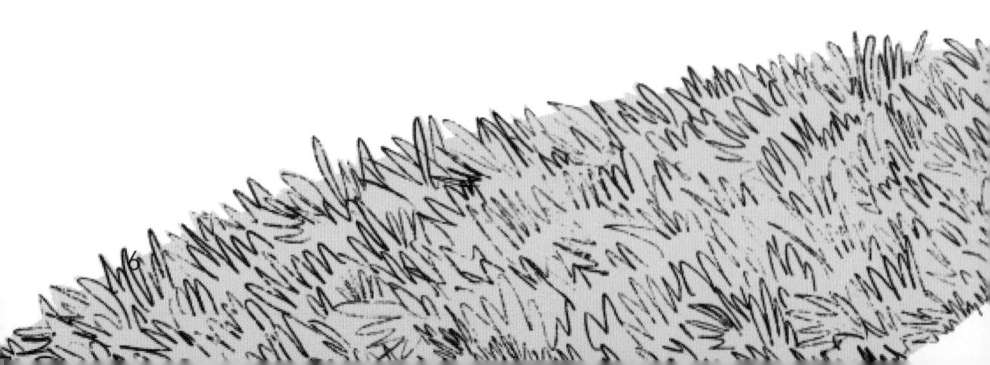

PART 2-4. 유럽에서 배우다 - 우리나라 대한민국 232
글로벌(Global) 대한민국 235
빈센트 반 고흐 그리고 칼 마르크스 239
해가 지지 않는 나라 242
우리나라 다 좋다! 딱 하나 빼고 245

PART 3-1. 여행 팁 - 유럽 여행의 작은 도움 248
여행 팁 250

에필로그 258

　책 속의 책 - 다시 보는 기독교 263

　다시 보는 기독교(基督敎, Christianity) 267
　기독교가 쇠퇴하면서 세계는 더 암울하다 271
　진리를 향하여, 창의력과 통찰력의 비밀 273
　자본주의(Capitalism)와 기독교인(Christian) 277
　기독교인의 진정성(Integrity) 280
　억울함에 대하여 282

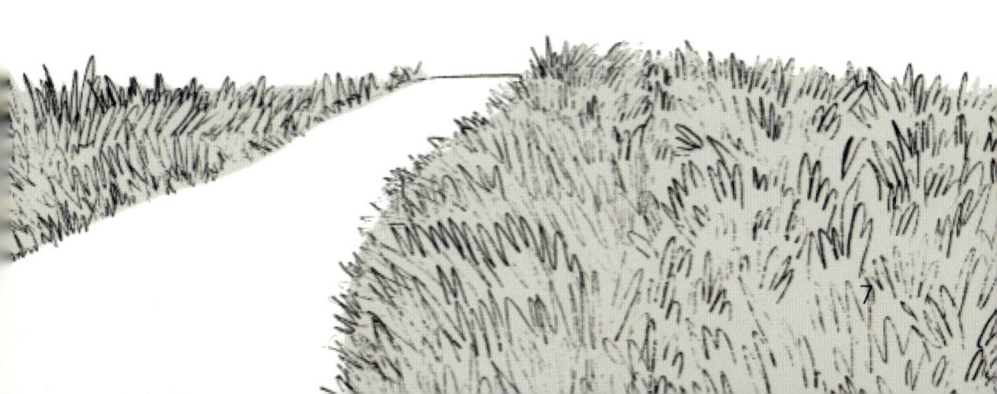

프롤로그 - 6개월의 유럽 여행기

유럽 내에서도 독일과 북유럽 지역 같은 추운 지역이 업무적으로 연관된 곳이라 이곳의 몇몇 국가들을 방문하면서 유럽과의 인연이 자연스럽게 시작되었다. 1995년 처음 방문한 이후 유럽의 문화와 유럽 소도시의 매력적인 모습들을 마음속에 담아두고 있었다. 대략 20년의 세월이 흘러 자연스럽게 일과 삶에서 새로운 돌파구가 필요할 즈음 유럽에서 느꼈던 좋은 기억들이 떠올랐다. 그리하여 영국 어학연수를 포함하여 6개월 정도의 일정으로 유럽 여행을 떠나게 되었다.

영국은 낡고 오래되어 보이지만 편안하며 독특한 매력이 있다.

먼저 나의 삶을 돌아볼 수 있어서 좋았던 이번 여정을 둘러보며 점점 느끼게 되는 가장 큰 그림자는 아쉬움이었다. 나름대로 열심히 산다고 살아왔는데 무엇인가 숨 고를 틈도 없이 너무 열심히만 달려온 것은 아닌가? 하는 아쉬움이다. 우리 세대는 나름대로 최선을 다해 달려왔고 어느 순간 다른 나라에 와서야 우리는 생각보다 훨씬 더 대단한 나라가 되었다는 사실도 알게 되었다. 낯익은 우리 기업들의 제품과 광고들을 곳곳에서 만날 수 있다. 유럽의 서점에서 접한 'BTS' 음반과 웬만한 상점마다 보이는 '비비고(bibigo)' 브랜드를 보는 뿌듯함도 있지만 무엇보다 외국인들 대부분이 한국을 알고 있고 한국에 관심이 있다는 사실에 더 많이 기분 좋게 한다.

한편으로 들게 되는 생각이 좋은 점도 많은 나라인데 왜 우리는 그들만큼 행복하지 못할까? 그렇게 작은 호기심에서 시작하여 희미하고 막연하던 의문들이 유럽을 알아갈수록 조금씩 답을 찾는 듯했다. 어쩌면 이들의 생각과 문화가 지금의 우리에게 무언가 부족하다고 느껴왔던 것들에 대한 최선의 해결책이 될 것 같은 느낌이 들었다. 그렇게 유럽을 바라보고 유럽을 배우며 그동안 품어왔던 우리 삶의 방향에 대한 많은 의문이 조금씩 이해되었다. 배우는 것에 관심이 있다 보니 그것들을 적으며 작은 메모가 되고 모여서 글이 되고는 했다.

그런데 정작 책을 출판하는 것은 대단한 용기가 필요했다. 몇 번이고 포기하려던 나의 글을 책으로 세상에 내놓을 용기를 낸 것은 미국의 정신과 의사인 앨런 프랜시스(Allen Frances)가 쓴

유럽에서 만나는 우리나라 브랜드들이 우리 생각보다는 훨씬 더 많다.

어느 책의 마지막 부분에 "기꺼이 타석에 서는…"이라고 쓴 문구를 읽고서 용기를 내었는지도 모르겠다. 그의 '에필로그'에 대략 이러한 내용이 있었다. "자연은 언제나 다양화를 추구하는데 인간은 획일화되고 표준화된다. 그런데 흥미로운 것은 인류 역사에서 다양한 사람들의 집단이 생존 확률이 훨씬 높다고 한다. 개별적으로는 표준화된 인간이 더 건강해 보이지만 급변하는 환경에서는 특이한 상황에 기꺼이 타석에 서는 특이한 사람이 존재하는 다양화된 집단이 더 잘 저항할 수 있기 때문이다." 중요한 것은 이렇게 다양화된 집단이 강점을 제대로 발휘하려면 한 가지 공통된 목표가 있어야 한다고 한다.

이 글을 읽으며 꼭 우리나라, 우리 민족의 이야기인 것만 같다. 우리는 다양화된 생각으로 각자가 알아서 살아야 하는 경우가 많은 편이다. 그러나 큰 어려움이 닥치면 기꺼이 나서는 다양한 사람들이 언제나 존재해 왔다. 역사적으로도 수많은 전쟁으로 무너질 듯했지만 무너지지 않고 지금까지 버텨왔다. 그때마다 출현했던 목숨을 건 의병들이나 전 재산을 팔아 가며 저항한 독립운동가들이 있었다. 그리고 독재에 맞서 싸우며 민주화도 성공적으로 이루었고 때로는 스포츠나 경제적인 면에서 몰입하여 함께 성취하기도 한다. 우리는 분명 강한 민족이다. 다양하게 살아가는 우리에게도 이런 강점들을 아우를 수 있는 한 가지 공통된 목표, 최소한의 구심점이 있어야 한다는 생각이 든다. 그것이 기독교라는 신앙까지는 아니어도 유럽인의 삶에 녹아있는 기독교 정신의 핵심인 사랑을 담은 함께 하는 마음이라는 생각이다.

어쩌면 이 책의 내용들은 팔은 안으로 굽는다는 마음이 많이 들어가 있다. 그런 의미에서 우리 인류가 함께 살아가는 지구, 내가 사랑하는 우리나라, 내가 믿는 하나님과 기독교에 대한 우려와 애정의 마음이 담겨있다. 특별히 기독교에 대한 부분을 책으로 쓰는 것은 사실 처음에는 전혀 의도하지 않았기에 매우 두렵고 조심스럽다. 신학을 공부하지도 않은 그저 평신도(平信徒, laity)의 한 사람으로서 기독교를 말한다는 것이 무례하게 보일 수도 있다고 생각했기 때문이다. 그러면서도 기독교가 물론 내부적인 잘못도 있다고는 하지만 과하게 부정적으로 왜곡된 부분도 많다고 생각하고 있었다. 유럽에서 우연히 깨닫고 배운 기독교의 본질과 가치는 적어도 지금보다는 더 존중되어야 한다는 생각이다. 그러하기에 기독교에 대한 글은 조금은 편향되어 보이지만 이는 전적으로 개인적인 견해임을 미리 밝히는 바이다.

처음부터 의도한 것은 아니지만 유럽인들에게서 닮고 싶은 것들에 욕심을 내다보니 복잡하고 다양한 내용의 책이 되고 말았다. 영국과 독일, 프랑스와 스위스, 이탈리아를 위주로 한 유럽인들의 일상에서 느끼게 된 이야기, 유럽과 비교하여 본 우리나라, 친환경, 기독교, 운전까지 복잡하고 다양한 내용의 책이 되었다. 그중에서 가장 먼저 그들을 닮고 실천하기를 바라는 한 가지를 꼽으라면 단연코 운전이다. 운전은 우리가 자주 접하는 일상이며 소중한 생명의 안전과도 관계가 깊다. 그들의 운전 태도도 있지만 중요한 것은 운전하는 내내 그들은 진심으로 타인을 배려하고 존중하고 있다는 마음이었기 때문이다.

독일의 마을 입구에는 속도를 줄이도록 유도하는 독특한 표지판이 있다.

그들에 비해 우리는 무엇인가 균형이 맞지 않는 모양새이다. 깨어진 균형을 바로잡는 데는 노력과 비용이 들어가겠지만 지금의 우리에게는 노력과 비용이 들어도 반드시 개선되면 좋겠다고 생각한다. 과거 너무나 가난한 시절의 우리에게 먹고사는 문제는 죽느냐 사느냐가 달린 생존의 문제였다. 그러나 지금은 깨어진 균형을 회복하는 것이 생존의 문제로 다가왔음을 확신한다.

전 세계를 뒤덮은 코로나 팬데믹과 우크라이나 전쟁으로 시작된 에너지 문제로 적지 않은 사람들이 유럽이 위기라고 경고한다. 경제적인 면만 본다면 충분히 일리가 있지만 나는 그들이 제대로 된 길을 가고 있다는 생각에는 변함이 없다. 그 길은 친환경적인 삶, 사랑하고 배려하는 삶, 그리고 가족과 공동체를 함께 생각하는 삶이다. 지금은 어렵지만 언젠가는 반드시 이겨내리라 믿으며 뜨겁게 응원한다.

2024년 11월 유진 제이(Eugene J.)

* 이 책의 수익은 전액 청년들을 위하여 사용합니다.

PART 1-1

유럽에서 느끼다 - 영국 이야기

『런던을 비롯한 유럽의 전역에서 내가 본 유럽인들의 정원 가꾸기는 매주 주말마다 이어지는 주말 행사였다. 적지 않은 집에서 가지치기나 잡초를 뽑고 꽃과 잔디를 가꾼다. 그렇게 정원 일을 끝내고는 정원에서 간단히 샌드위치를 먹기도 하고 다과와 더불어 이웃이나 지인들과 대화하는 등 정원에서 많은 시간을 보낸다. 이들이 정성으로 정원을 가꾸는 이유가 그들 스스로에게 돌아오는 아름다운 휴식의 즐거움도 있지만 나로 인해 이웃에게 피해를 주지 않아야 한다는 생각도 크다고 한다. 내가 잡초를 뽑지 않고 정원을 가꾸지 않게 되면 당연히 이웃들에게 피해가 가는 것은 당연할 것이다. 이웃의 잘 가꾸어진 아름다운 정원은 나에게도 아름답다. 이와 같이 내가 이웃을 향하여 베푼 사랑의 마음은 결국 나에게도 그 열매가 돌아온다.』

넘쳐나는 사람들

런던은 유럽을 대표하는 도시답게 언제나 다양한 사람들로 넘쳐난다.

유럽 같은 서방의 나라에 여행할 때마다 처음에는 즐거운 분위기에 들떠 잘 깨닫지 못했지만, 시간이 지날수록 조금씩 신경 쓰이는 게 생긴다. 이방인 같은 외로움과 우리 같은 동양인에 대한 보이는 보이지 않는 편견과 차별이다. 이런 면에서 영국은 이방인에게 무척 관대하게 보인다. 특히 우리 같은 동양인을 '무관심의 배려'로 편하게 대하니 인종차별이라고 느낄 불쾌한 경험이 비교적 적었다.

아마 이유는 크게 두 가지로 생각된다. 먼저 영국은 너무 많고 너무 다양한 사람들로 넘쳐나는 것 같다. 해가 지지 않는 나라 대영제국 시절의 많은 식민지에서 건너온 사람들과 후손들, 일반 관광객에다 비즈니스를 위해, 영어를 배우기 위해 모인 세계의 다양한 사람들로 가득하다. 이방인을 바라보는 그들의 시선은 이방인을 다르게 보는 것이 어쩌면 더 피곤할 수도 있을 만큼 다양한 이방인으로 넘쳐난다. 이는 어느 낯선 도시의 여행자가 아닌 그날 그 시간을 함께하는 런던 토박이가 된 듯한 묘한 동질감마저 느끼게 한다.

다른 또 하나는 영국인들은 진실로 이방인에게도 관대하고 매너 있는 마음을 베푸는 듯했다. 덕분에 여행자들의 마음도 열린다. 그 이면에는 한 때 세계를 이끌어 갔던 대영제국 국민의 여유와 이로 인한 다양한 이방인이 낯설지 않은 것이 보인다. 그들의 여유 뒤에서 묻어나오는 미소와 영국인들의 특이하고 매력적인 억양은 한번 빠지면 쉽게 헤어 나오기 어렵다. 그리고 형식보다는 마음의 진심 즉 중심을 더 중요하게 생각하는 기독교적 신념이 체화된 결과인 것을 비롯하여 다양하고 많은 이유가 있는 것 같다. 영국인들은 기본적으로 타인에게 친절하고 관대한 매너를 가지고 있다.

그런데 애석하게도 이방인을 배려하는 그들의 여유도 나름의 한계가 있었다. 당연히 무작정 참거나 배려하지 않는다. 그들에게 가장 중요한 것은 사람 사이의 매너이다. 매너에 대해 그들 나름의 선을 넘거나 의미와 과정을 중요시하는 그들의 특별한 자리에 아무 상관이 없어 보이는 이방인이 끼어드는 경우도 그들을 자극할 수 있다. 또한 그들의 일상에서 크게 불편함을 주거나 본인들에게 어떤 형태로나 위협과 질시의 대상이 되는 경우 등에는 아마 그들도 이성보다는 감정이 지배하는 경우가 많은 것 같았다. 이렇게 그들 나름의 선을 넘었다고 생각이 되면 이들도 아주 심한 인종차별적 발언과 행동을 하는 경우도 많이 있다.

그들의 문화와 생각을 우리가 아무리 이해하려고 해도 한계가 있음을 분명히 알고 그들에게 다가가야 할 것 같다. 그렇더라도 유럽의 많은 나라에서 느끼는 어색함과 조심스러움은 영국에서는 훨씬 덜하다. 그만큼 영국의 첫인상은 편안하다.

유럽의 거리는 고풍스러운 건물들과 현대적인 건물들이 함께 공존하는 곳이 많다.

런던의 분위기는 일단 보수적인 익숙함이 느껴진다. 처음에는 제대로 청소가 안 된 건가? 아니면 영국이 많이 가난해졌나? 생각이 들 정도로 지저분해 보이기도 하고 오래되고 낡아 보인다. 하지만 점점 시간이 지나면서 빈티지한 영국 특유의 멋이라고 느껴졌다. 런던 중심가를 벗어나 도시의 외곽 쪽으로 조금만 나가도 오래되고 낡아 보이는 건물이나 시설들이 많이 보이지만 중심가는 깨끗하고 잘 정비되어 있다. 런던의 중심가는 오랜 세월과 스쳐 간 사람들의 흔적들과 의외로 크고 작은 공원도 많고 공간들도 여유가 있어서 안정감이 느껴진다. 독일은 지나치게 정돈된 분위기여서 조심스럽고 위압감이 느껴졌을 정도로 너무 다르다. 그래서 영국의 거리는 처음이었지만 여러 번 방문했던 곳처럼 편안함이 있다. 그리고 적지 않은 사람들은 인상 자체가 금방이라고 웃음으로 인사할 것 같은 여유와 미소를 머금고 있다. 인상 자체가 날카롭고 잘 웃지 않는 편이어서 조심스럽고 어색했던

런던 도심 공원의 낡고 오래된 벤치, 오래된 것들에 다른 생각을 하게 한다.

독일과는 사뭇 다르다. 이런 분위기는 런던같이 관광객이 많은 도시보다 작은 소도시에 가도 분위기는 비슷하다. 소도시는 확실히 여행객보다 현지 주민들이 많을 터라 걱정했지만, 마찬가지로 친절한 것을 보면 영국 사람들은 보편적으로 친절하고 여유가 있어 보인다.

영국의 박물관들

대영박물관 입구 모습, 뒤편에 보이는 작은 건물에서 소지품 검사 후 입장한다.

영국은 박물관이 많기로 유명한 나라이며 특히 런던에 있는 다양한 박물관의 명성은 파리와 더불어 세계적이다. 유럽의 강자

답게 왕실과 국가적 문화유산이 많고 한 때 해가 지지 않는 나라라는 별명만큼 수많은 식민지와 제국주의의 산물로 다양한 박물관들을 가지고 있다. 재미있는 사실은 이 박물관들이 입장료가 무료이고 관람객들의 자유로운 기부 형태로 운영한다고 한다. 이는 대부분 기부받은 소장품이고 식민지 시대의 산물이거나 전쟁에서 얻은 전리품이어서 가능하다니 약간 씁쓸하지만, 박물관이 소장한 유물을 보며 역사를 배우는 학생들을 생각하면 감사한 마음이다. 대영박물관(The British Museum), 영국국립미술관(The National Gallery), 빅토리아 앨버트 박물관(Victoria and Albert Museum), 런던 자연사 박물관(Natural History Museum), 영국 국립 철도박물관(National Railway Museum, NRM), 런던 과학박물관(Science Museum) 등 그 외에도 다양하고 많다.

조금 특별한 박물관으로는 마담 투소(Madame Tussauds) 밀납인형 박물관, 처칠 박물관(Churchill War Rooms), 셜록 홈즈 박물관(Sherlock Holmes Museum)이나 또는 프로이트 박물관(The Freud Museum)과 해리포터 박물관(Harry Potter Studio), 등이 있다. 우연히 길을 걷다 소박하나 수준이 있는 특정 분야의 박물관을 관람하는 행운을 누리기도 한다. 박물관마다 다양한 특색이 있고 세상의 다양한 문화를 접하므로 자연스럽게 넓은 사고와 안목을 가지는데 도움이 될 것 같다. 일부 상업적인 경우를 제외하고는 대부분 무료이나 기부를 안내하는 표지판이 많이 붙어있다. 박물관의 무료입장은 학생들을 배려한 취지에서 시작되었다는 취지를 생각하며 각자의 형편에 맞게 적절하게 기부하거나 무료로 관람하면 되겠다.

　박물관에서는 아주 다양한 기념품도 파는데 가격은 아주 싸지는 않지만 질이 좋고 입장료가 무료인 것을 염두에 두면 저렴한 편이다. 기념품 납품하는 업체들이 실제로 그 분야에서 최상의 물품을 만드는 곳이 선정된다고 하니 품질만큼은 믿고 구매해도 될 거 같다. 엽서, 그림, 필기구 등 박물관을 기념하는 기념품부터 넥타이, 스카프, 티셔츠까지 품목도 다양하고 만족도도 매우 높다. 친환경 실현에 가장 앞장서는 유럽의 다른 나라들과 같이 친환경 제품도 다양하고 많다. 추억이 새록새록 묻어나는 기념도 되면서 일상에서 유용하기도 하니 충분히 시간을 내어 쇼핑을 해보기를 추천한다.

　게다가 지방에도 주요 도시마다 아주 특색 있고 수준 높은 박물관들이 있고 다양한 특별 전시회도 아주 많다. 예를 들어 영국의 바스(Bath)라는 도시에 가면 로마 목욕탕 박물관이 있고 케임브리지, 옥스퍼드, 리버풀, 맨체스터, 에든버러 등 주요 도시에도 특별한 박물관이 있어서 때로는 아주 유명한 작품이나 전시물도 빈번하게 공개된다. 아마 영국이 아주 방대한 전시물을 보유하다 보니 일종의 유물 로테이션 덕분이리라 짐작한다. 또 한편으로는 소도시를 배려하는 지방 활성화 정책도 잘 작동하는 것 같았다.

　처음에는 관광객의 입장으로 주요 관광지만 둘러보게 되지만 영국을 비롯한 유럽의 박물관들은 사전에 공부하고 시간적 여유를 가지고 방문하면 좋을 듯하다. 유럽은 경제적으로는 미국에 패권을 넘겨줬어도 문화와 삶의 질에서는 여전히 강한 나라임을 느낄 수 있다. 여행은 그 자체만으로 충분히 설레고 즐겁다. 하지만 세상의 다양한 사람들을 만나고 그들의 역사와 현재의 삶을 비교하는 것도 흥미롭고 의미가 있다. 그들의 삶의 철학을 하나씩 찾아서 배워가는 보람이 있다. 그러기에 그들의 문화와 역사를 아는데 도움이 되는 박물관 투어는 시간적 여유가 있다면 계획을 세워 둘러볼 가치가 충분하다.

산업혁명의 발자취를 그대로 느낄 수 있는 과학박물관

우리 인류사의 매우 중대한 2대 혁명을 꼽으라면 농업 혁명과 산업혁명이라고 한다. 인류가 빈곤에서 벗어나 풍요로움을 누릴 수 있는 계기가 된 제1차 산업혁명과 그 시절 세계를 선도한 당시 첨단산업의 흔적들을 보니 말 그대로 대영제국(大英帝國, British Empire)의 아우라를 느낄 수 있었다. 지금은 흘러간 영광이라 왠지 모를 짠한 마음도 같이 다가오지만 오히려 그들은 태연

국립 자연사 박물관의 동물들이 금방이라도 뛰어나올 거 같다.

해 보였다. 대형 박물관은 전문 가이드와 함께 하면 설명도 쉽고 이해도 빠르다. 때로는 전시물들 사이에서 길을 잃을 정도로 너무나 방대한 규모에서 엄선하여 이해를 도와주니 매우 편하다. 한 가지 아쉽다면 관심 있는 분야를 상세하게 둘러볼 수 없는 점이다.

세계의 다양한 문화를 체험할 수 있는 런던의 대영박물관

영국을 대표하는 대영박물관에 가면 가장 유명한 전시물인 로제타석(Rosetta Stone)을 비롯하여 그리스 유물, 이집트 유물, 아메리카 대륙과 아시아 아프리카 등 세계 각국의 다양한 역사를 한 번에 공부할 수 있다. 유물을 통해 고유의 나라마다 재료도 다르고 제작 기법도 다르다는 것을 한눈에 확인할 수 있다. 당연히 대한민국관도 있으나 규모는 상대적으로 작고 태극기를 비롯한 전시품도 조금은 아쉬운 편이지만 우리나라 전시관이라 더 애정이 갈 수밖에 없어서 한참을 둘러보았다.

내셔널갤러리에서는 수많은 거장들의 명작 그림들을 둘러볼 수 있다.

대영박물관과 함께 영국국립미술관(The National Gallery)도 빼놓을 수 없는 곳이다. 고흐와 렘브란트를 비롯한 수많은 거장의 걸작들을 관람할 수 있다. 런던의 박물관들은 걸작품들이 때로는 너무 흔하게 보여 다소 소홀하게 생각이 될 수도 있지만 그 가치를 생각하면 절대로 소홀히 할 수 없는 작품들이 너무도 많다. 세월이 흐르면 감동적인 기억도 흐려지지만 반대로 오랫동안 각인되기도 한다. 내셔널갤러리에서 처음 만난 '삼위일체와 신비한 피에타(The Trinity and Mystic Pieta)'의 충격은 꽤 오래 남아 있었다.

그리고 때로는 우연한 기회에 행운이 찾아오기도 한다. 한번은 런던 북부에 사는 지인을 만나려고 그 동네에 갔는데 평범한 가정집으로 보이는 곳에 많은 사람이 오가는 것을 보고 궁금해서 가보니 프로이트 박물관(The Freud Museum)이었다. 정신분석학으로 유명한 프로이트 박사와 그의 딸에 관한 역사를 배울 기회였으니 매우 기쁘고 감사했다. 유럽의 박물관이나 유적을 둘러보며여행하다 보면 언제나 책에서나 접하던 유명한 인물들의 유적이나 생가를 둘러보는 경우도 많다. 그들의 흔적을 직접 들여다보면

우연히 발견한 프로이트 박물관에서는 프로이트를 자세히 아는 행운도 있었다.

가끔은 어려운 시절을 지나온 그들의 인간적인 애환이 느껴지는 경우도 많이 있다. 우리가 어려운 만큼 이들의 삶도 어려움이 많았음을 느낄 수 있다. 동서양을 막론하고 삶은 역시 쉽지만은 않았음을 실감하게 된다.

작은 박물관 속 과거 모습에서 삶은 언제나 만만치 않았음을 느꼈다.

영국의 날씨

맑고 파란 하늘의 도로에는 조금 전에 비가 내린 흔적이 그대로 있다.

런던을 비롯한 영국 날씨는 변덕스럽기로 악명이 높다. 대륙성 기후의 영향을 받는 우리나라와 달리 북대서양과 북해 사이에 걸쳐있는 영국은 서안해양성 기후의 영향을 받아 계절별 온도차가 적은 대신 비가 자주 내리고 바람도 많이 분다. 여름 장마철에 많은 비가 내리는 우리나라와 달리 일 년 내내 조금씩 자주 비가 내린다.

영국 날씨는 세계적인 축구 스타 호날두(Cristiano Ronaldo)의 영국 생활에도 영향을 줬다고 한다. 어느 매체는 호날두가 맨체스터 유나이티드(Manchester United FC)를 떠날 때 영국 날씨 탓도 있었다고 하니 호날두의 고국인 포르투갈의 맑은 날씨와 영국의 변덕스러운 날씨를 비교하면 충분히 이해된다. 이러한 지정학적 환경 때문에 한겨울에도 우리나라처럼 매서운 추위는 없으나 아침에 눈이 오다가 점심때는 덥기도 하고 비가 오다가 눈부시게 맑은 날씨가 되기도 한다. 그런 날에는 변덕스러운 날씨만큼이나 복장도 가관이다. 날씨 변덕이 유달리 심한 봄과 가을에 길을 걷다 보면 한겨울 패딩부터 한여름 반소매에 반바지까지 동시에 한 거리에 나타난다. 그만큼 그들의 생각이나 복장도 자유롭다. 다양한 인종, 다양한 복장, 변덕스러운 날씨를 겪다 보면 혼란함이 교차한다. 비가 오면 당연히 우산을 쓰는 것이 우리의 상식이지만 이곳 영국에서는 비가 와도 그냥 맞는 경우가 대부분이다. 심한 소나기가 아니기도 했지만 '다양하고 자유로운 사고의 시작은 날씨에 자유롭게 대처하는 자세에서 시작된 건 아닐까?' 하는 생각이 들 정도다.

세계 4대 메이저 대회 중 하나이면서 영국을 대표하는 골프대회 'The Open'은 세계에서 가장 오래된 대회이다. 1860년 처음 시작하여 무려 160년이 흘렀지만 처음 시작한 이 대회의 특징들이 유지되고 있다고 한다. 양들이 풀을 뜯은 흔적이 있는 듯 거친 모습의 페어웨이와 그린, 잡풀이 우거진 러프, 변화무쌍한 거친 바람을 피하기 위한 구덩이였던 항아리 벙커는 골프가 처음 기원

했던 스코틀랜드의 거친 환경과 더불어 변덕스러운 날씨를 골프에 그대로 반영된 결과라고 한다.

그들은 보편적으로 자연을 거스르지 않고 자연에 순응하며 살아가는 흔적이 많이 보인다. 핵심이 아니면 자유롭게 허용하는 그들의 삶의 방식이 영국은 유달리 강한 편이다. 물론 금지하는 것을 어길 때는 엄격하게 처벌한다. 시골 외곽에서 넓지 않은 2차선 도로의 속도가 시속 90km인 경우도 있는데 대다수 현지인은 최고 속도에 근접하게 달린다. 빨라도 너무 빨라 따라가기가 힘이 들 정도였지만 마을이 나오면 언제 그렇게 달려왔냐는 듯이 속도를 줄여 제한 속도 50km나 30km를 어기는 차를 단 한 대도 보지 못했다. 이것이 그들 국가와 사회의 시스템이고 그들이 순응하는 삶의 방향이다. 크게 중요하다고 생각하지 않는 웬만한 것들은 그냥 견뎌내고 중요한 본질에는 아주 집중하며 살아가는 방식이다.

2018년 봄과 초여름에 영국 전역에 가뭄이 심했는데 이 시기에, 케임브리지(Cambridge)시에 있는 유명한 정원인 '케임브리지 대학교 보타닉가든(Cambridge University Botanic Garden)'을 방문한 적이 있었다. 부부가 갔던 처음 기억이 너무 좋아서 자녀들과 함께 다시 방문한 이때가 두 번째였다. 공원에 들어선 순간, 기대와 전혀 달라 그야말로 황무지가 연상될 정도로 황폐한 모습에 깜짝 놀랐다. 나무는 그래도 괜찮았지만, 잔디는 대부분 말라 죽었고 꽃들도 너무나 빈약해서 큰 실망을 넘어 황당했다. 그래도 꽤 유명한 관광지이자 케임브리지 대학교 소속의 공식 정원인데 이 정도로 관리를 안 할까? 의아했는데 나중에야 이해되었다. 기본적으로 자연에 순응하는 이들의 철학이 정원 곳곳에도 그대로 적용된 셈이었다.

영국과 유럽 대륙의 나라들을 한 번에 여행하기도 하는데 기독교 문화권이고 서로 교류가 많아서 그런지 보편적으로 비슷하다. 다른 것을 찾아야 한다면 운전 방향이 반대인 것 정도로 우리들 눈에는 유럽 사람들이 처음에는 다 비슷해 보인다. 그런데 조금만 이들과 함께 있다 보면 영국의 독특함과 자유로움은 조금 더 유별나다. 규제는 최소화하고 자유롭게 허용하는 사회적 시스템이 유럽 전반에서 많이 느낄 수 있지만 영국은 더 특별하다. 단순하지만 부족해 보이거나 불편하지 않다.

영국은 교통 시스템이 일본과 같이 금지하지 않으면 허용하는 방식이다. 이렇게 통제를 안 해도 유지가 되나? 싶을 정도로 표지

보타닉가든의 식물들은 혹독한 가뭄에도 최대한 견디게 하는 것 같다.

판도 없고 도로 중앙선이 없는 경우도 허다하지만 정말로 질서 있게 유지된다. 유럽의 여러 나라들을 다니면서 느껴지는 감정도 조금씩 다르다. 독일인의 차갑고 매서움이나 프랑스인이나 스위스인에게 느껴지는 오만함과 이탈리아인의 허세와 익살스러움에 비해 영국인들은 친절하고 너그럽고 때로는 따뜻하다. 자유로운 사회적 시스템에서 오는 여유가 아닐까 생각된다. 그런 의미에서 이방인 눈에는 영국이 그리고 영국인이 훨씬 너그럽고 편안하다.

오이스터 카드(Oyster card)

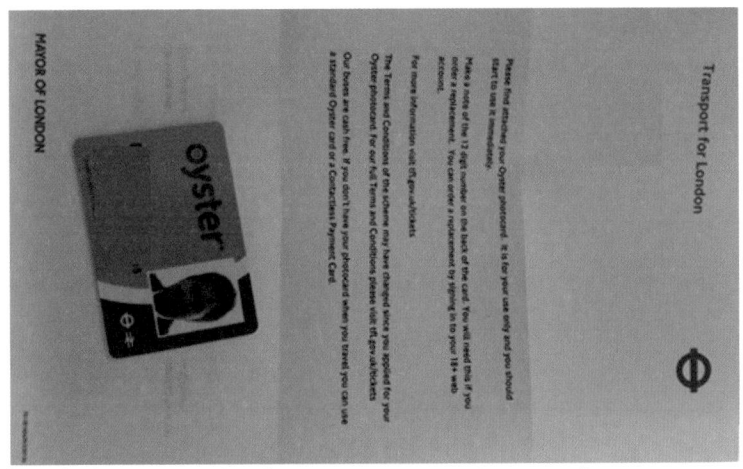

학생 할인 오이스터 카드 (Student Oyster Photocard)

 영국에는 일반 관광객도 많지만, 영어 종주국답게 영어를 배우러 온 학생들도 아주 많다. 영국도 우리나라와 마찬가지로 학생들을 위한 혜택이 있는데 그 하나가 교통 할인 카드이다. 그런데 놀랍게도 정식 학교에 다니는 학생들은 물론이고 14주 이상 영어를 배우려고 학원에 등록해도 학생 자격으로 학생 할인 카드, 일명 'Student Oyster Photocard'를 발급받을 수 있다. 오이스터 카드(Oyster card)는 런던 시내 대중교통과 그레이트 런던에서 서비스하는 내셔널 레일(영국철도운영회사 연합)에서도 사용이 가능한 일반 교통카드이다. 특별히 학생에게는 식별할 수 있는 얼굴 사진을 넣어 30% 정도 할인되는 별도의 카드를 발급해 준다.

오이스터 카드(Oyster card)는 2003년에 처음 도입되었다고 하는데 현재, 런던 교통국(Transport for London, TfL)이 운영하는 런던 시내의 모든 지하철, 버스와 일부 내셔널 레일에서도 사용 가능하다. 승차 금액 이상을 적립해야 하며 승차(또는 승차와 하차 모두) 시에 카드를 개찰기의 판독부에 터치하고, 정산한다. 학생 할인율이 30% 정도로 아주 파격적으로 높지는 않아도 오이스터 카드는 물가가 비싼 영국에서 특히 비싼 교통비를 생각하면 많이 위안이 되는 너무나 고마운 카드이다. 거의 날마다 지하철을 타게 되는 런던에서 이 카드 덕을 톡톡히 본 것 같다.

일반적으로 학원에 등록하면 학생 할인 카드에 필요한 서류를 안내해 준다. 사진 등을 준비하여 제출하면 관할 공공기관에서 심사를 거쳐 우편으로 카드가 날아온다. 학원에서 처음 소개받고 해당 서류를 학원에 제출한 후 대략 10일 정도 걸렸던 것 같다. 낯선 이방인으로서 처음 이 카드를 받았을 때 할인의 혜택이 주는 기쁨은 물론 소속감과 뿌듯함까지 느껴졌다. 사진이 있어서 일종의 신분증 역할도 한다. 예를 들어 에어비앤비 같은 데에서 숙박할 때 이 카드로 신분을 확인하는 등 의외로 유용하게 쓰인다. 신뢰를 매우 중요하게 생각하는 유럽에서 낯선 동양인이 겪을지 모를 불가피한 편견을 조금이나마 해소할 수 있기에 간직하고 있는 것 자체가 큰 보람이 되었던 카드이다.

피시앤칩스(Fish & Chips)

피시앤칩스 (Fish & Chips) 는 호불호가 있지만 맛이 있었다.

영국에서는 아주 흔한 식재료 중 하나가 감자다. 영국에서 감자는 많은 요리의 재료로 사용되기에 거의 날마다 먹어본 음식이라 물릴 만도 하지만 그러나 놀랍게도 영국을 떠나 그리운 것 중 하나도 감자이다. 영국의 감자는(유럽의 감자는 거의 모양이나 맛이 같았다) 비싼 물가의 나라 영국에서 싸고 일단 맛이 아주 좋다. 그리고 요리도 우리가 아는 튀긴 감자칩이나 으깬 감자도 있지만 적당히 잘라 그냥 데쳐서 주요리와 같이 먹기도 한다. 우리나라에서 흔히 보는 감자보다 영국이나 유럽의 감자는 예쁜 타원형에 크기가 작고 더 연하고 부드럽다.

영국을 대표하는 음식으로 피시앤칩스(Fish & Chips)를 꼽는다. 실제 영국을 방문하는 관광객들에게는 호기심으로 한 번씩은 먹게 되는 음식이라 그런지 일반 음식점에는 피시앤칩스가 거의 빠지지 않는 메뉴다. 맛은 패스트푸드에 길들여진 우리들 입맛에는 거부감이 전혀 없다. 우리가 익히 아는 그 감자튀김과 함께 생선가스가 떠오르는 흰살생선 튀김에 레몬과 HP소스(브라운 소스)가 곁들여진 것이 전부이다. 곁들여지는 또 하나의 주요 재료인 대구는 영국에서 많이 잡히는 생선이라고 한다. 우리에게는 거부감이 크게 없는 만큼 특별한 감흥도 없는 평범한 음식으로 생각될 수도 있다. 그래서 호불호가 갈리는 대표적 음식이기도 하다. 얼핏 보면 평범한 패스트푸드 같아서인지 피시앤칩스를 처음 먹어본 사람들은 '영국을 대표하는 음식이 겨우 이 정도야'라며 프랑스나 이탈리아 음식보다 영국 요리를 더욱더 빈약하게 느낄 만도 하다. 그러나 영국 사람들이 나름 자부심을 느끼는 음식이고, 유명하고 맛있는 식당이 꽤 많이 있는 것을 보면 피시앤칩스(Fish & Chips)를 대하는 자세가 달라지기도 한다. 막 나온 이 따끈한 감자튀김과 생선요리는 묘한 여운을 남긴다. 처음에는 생각보다 단순하고 평범해서 실망하기도 하지만 시간이 길어지고 여러 번 접할 때마다 이상하게 더 맛이 느껴진다. 심지어 떠나오니 더 많이 생각난다. 마치 영국인들의 다정한 인상을 닮은 듯하다.

옥스퍼드 & 케임브리지 대학교

영국에는 세계적 명문대학교인 옥스퍼드 대학교(Oxford University)와 케임브리지 대학교(Cambridge University)가 있다. 우리의 교육열 또한 남다르다 보니 일부러 방문하게 되는 곳이다. 두 대학이 있는 도시는 모두 학교 캠퍼스가 담은 역사를 되짚는 것만으로도 배울 게 많이 있다. 게다가 주변에는 잘 꾸며진 공원과 박물관도 있어서 함께 둘러볼 만하고 무엇보다 세계 최고의 대학들을 견학하는 감동과 함께할 수 있으니, 방문이 전혀 아깝지 않다. 특히 케임브리지 대학교의 보타닉가든은 아주 유명하여 정원의 진수를 계절별로 보여준다. 세계적 명문대학교와 볼거리도 풍부한 두 도시 모두 런던에서 열차로 1~2시간 정도 거리에 있어 멀지 않으니 보통 당일 아침에 가서 저녁에 오기에 충분하다. 캠퍼스에는 부분적으로 유료인 곳도 있고 무료인 곳도 있으니 미리 알아보고 가면 좋다. 대학의 세밀한 역사와 깊은 사연을 알고 싶다면 대학 투어 가이드와 함께하는 것도 적극 추천한다. (TMI, 이곳은 평지이지만 일단 많이 걸어야 하니 체력을 고려하여 일정을 짜면 좋겠다)

옥스퍼드 대학교(Oxford University)는 1096년에 케임브리지 대학교(Cambridge University)는 1209년에 설립되었으니 800~900년이나 된 세계 초일류 대학이다. 무엇보다 입학생들의 수준도 대단하지만, 훌륭한 교수진과 유서 깊은 캠퍼스에서 좋은 학업 시스템 덕분에 노벨상과 필즈상 등에서 많은 수상자를 배출했다. 그뿐만 아니라 영국 총리를 비롯한 국가 지도자들도 이들 학교 출신이니 캠퍼스를 거니는 학생들의 자부심이 남달라 보였다. 이들 고딕 양식의 캠퍼스는 하버드나 예일대같이 후발 명문대 캠퍼스의 모델이 되었고 영화 해리포터의 배경이 되기도 하였다. 자체적으로 보유한 박물관이나 미술관에는 유명 화가의 작품과 귀한 소장품들이 있어서 때로는 아주 유명한 미술품 특별전이 열리기도 한다.

또한 두 도시는 학교 주변에 작은 강을 끼고 있어 이 강을 따라 보트 투어가 있다. 관광객한테는 약간 딱딱할 수 있는 학구적인 두 도시를 색다른 분위기로 경험하기 좋다. 보통 영국은 물론 다양한 나라의 대학생들이 아르바이트거리로 용돈도 벌고 친구

캠퍼스 내 작은 강의 보트 투어 – 뒤로 케임브리지대학 수학의 다리가 보인다.

도 사귀려고 보트 투어의 뱃사공이 된다는데 정작 이곳 두 대학의 학생들은 빡빡한 학업 일정 때문에 실제로는 아르바이트하는 경우가 거의 없다고 한다.

케임브리지대학교의 오랜 역사를 말하듯 건물도 고풍스럽다.

보타닉가든(Cambridge University Botanic Garden)

'보타닉가든'의 꽃들은 전체가 마치 조화로운 합창을 하는 듯하다.

케임브리지 대학교 보타닉가든(Cambridge University Botanic Garden)은 1831년에 찰스 다윈(Charles Robert Darwin)의 멘토인 존 스티븐스 헨슬로(John Stevens Henslow) 교수가 처음 조성했다고 하니 190년이나 된 오래된 식물원이다. 처음에 연구 목적으로 만들어져 식물별로 분류가 잘 되어 있다. 지금도 학생들을 포함한 많은 사람이 공부나 체험을 목적으로 또는 아름다운 정원을 감상하러 매년 30만 명 이상이 방문한다고 한다. 이곳에 들어서면 조금은 색다른 분위기를 느낄 수 있는데 오랜 세월의 흔적을 간직한 연륜이 있는 나무들과 고풍스러운 온실 덕분인 것 같다. 영국 어디를 가나 느끼지만 이곳도 역시 세월의 흔적이 고스란히 남아 있다. 어마어마하게 방대한 규모는 아니지만 느긋하게 둘러보며 평화로운 여유와 특별한 재미를 느끼기에 제격이다. 아름답게 늘어진 나뭇가지들, 각종 꽃 사이를 팔랑거리는 나비들과 나비를 잡으려 뛰어가는 아이들의 밝은 모습도 인상적이었다. 그만큼 평화롭고 아름다워서 6파운드 정도의 적지 않은 입장료가 전혀 아깝지 않았던 고급스러운 멋이 있는 공원이다.

또한 이곳의 식물들은 배치나 관리가 참으로 조화롭고 우아해서 세련된 느낌이었다. 뾰쪽하거나 둥그런 이파리들이 독특한 질감의 식물들과 어우러져 자리하고 식물의 색깔과 키를 고려하여 튀지도 않고 어색함이 없는 자연스러운 정원을 보노라면 이 사람들은 디테일도 신경 쓰지만 전체의 어울림 또한 굉장히 중요시한다는 느낌이 들었다. 마지막으로 한 가지를 더 꼽자면 자연스러움이었다. 전체 정원을 가꾸고 관리하면서 그 식물들 하나하나가 스스로 자연의 일부임을 잊지 않도록 키우는 것 같았다. 마치 추위나 더위에도 조금은 가혹하지만 견디고 버티는 힘을 기르도록 훈련하려는 의도 같았다. 봄과 가을의 좋은 날씨와 적절한 비에는 마음껏 아름다운 정원이 되도록 돌보고 도시 전체에 심각한 가뭄이 들 때는 이 또한 어느 정도는 견뎌내도록 생명력을 믿으며 관리함으로써 자연스러움을 헤치지 않는 것 같다. 어떤 모습의 정원을 만나더라도 그곳의 식물들과 그 식물들 사이에 풍기는 평화로운 여유를 마음껏 즐겨 보기 바란다. 중간중간 커피나 식사를 가볍게 할 만한 카페는 물론 기념품을 살 수 있는 기념품점도 있다.

크고 작은 꽃과 나무들이 조화롭고 자연스럽나.

정원을 가꾸는 이유

유럽인들의 정원 가꾸기는 시간이 날 때마다 이어지는 정기 행사이다.

영국을 비롯한 유럽의 전역에서 내가 본 유럽인들의 정원 가꾸기는 매주 주말마다 이어지는 주말 행사였다. 주말이면 어김없이 가지를 정리하거나 잡초를 뽑고 꽃과 잔디를 가꾼다. 그렇게 정원 일을 끝내고는 정원에서 간단히 샌드위치를 먹기도 하고 다과와 더불어 이웃이나 지인들과 대화하는 등 정원에서 많은 시간을 보낸다. 이들은 이곳에서 휴식을 취하고 다시 한 주를 시작할 에너지를 얻는 듯 정원을 즐긴다. 봄이나 가을과 같이 밖에 머물기가 좋은 계절에는 주중에도 저녁에는 정원에서 시간을 보내기도 하는데 주말이 오면 그들에게 정원은 삶의 한 부분으로 느껴질 만큼 정성을 다해 관리하고 가꾼다. 머물렀던 런던의 홈스테이 주변도 어느 곳 하나 소홀히 하는 집이 없을 만큼 각양각색의 특색으로 정원을 가꾸는 모습이 피어난 꽃만큼 일하는 모습도 보기가 좋았다.

이처럼 정원을 가꾸는 이유가 그들 스스로 누리는 아름답고 즐거운 휴식 외에 또 다른 이유가 있다는 말을 듣고는 놀란 적이 있다. 그들이 그토록 정성 들여 정원을 관리하는 것은 우선 나와 우리 집을 위해서지만 또 다른 이유는 나로 인해 이웃에게 피해를 주지 않아야 하기 때문이란다. 내가 잡초를 뽑지 않고 정원을 가꾸지 않으면 이웃의 정원에 피해가 가는 것은 당연할 터이다. 잡초나 해충이 옮겨가기도 하고 이웃이 내 정원을 볼 때마다 불쾌감을 느끼는 등 여러모로 피해를 줄 테니 말이다. 자신과 이웃을 함께 생각하는 그들의 마음을 보면서 아직은 그렇지 못한 우리의 모습을 자연스럽게 돌아보게 한다.

이웃의 잘 가꾸어진 아름다운 정원은 나에게도 아름답다. 내가 잘 가꾼 우리 집의 정원은 이웃이 보기에도 아름다울 것이다. 이처럼 내가 베푼 사랑의 마음은 결국 나에게로 그 열매가 반드시 돌아온다고 믿는다. 그것이 진정 소중한 의미이고 가치가 아닐까. 물론 이들과 처지도 생각도 다른 이방인들에게 정원 가꾸기에서 타인의 배려까지 들먹이는 것이 지나친 이야기처럼 들릴 수도 있다. 하지만 유럽 대부분의 나라에서 보이는 섬세한 배려와 공동체를 생각하는 마음에 존경을 보낸다. 실제 먹고사는 생존의 문제를 벗어난 지 오래되었건만 우리는 여전히 먹고사는 문제에 급급한 습관으로 여유가 사라진 삶을 사는 것은 아닌지 조심스럽게 돌아보게 된다.

시골 농장 입구가 잘 정돈되어 있어 유독 멋진 정원의 모습이다.

PART 1-2

유럽에서 느끼다 - 런던 이야기

『런던을 비롯한 유럽의 전역에서 내가 본 유럽인들의 정원 가꾸기는 매주 주말마다 이어지는 주말 행사였다. 적지 않은 집에서 가지치기나 잡초를 뽑고 꽃과 잔디를 가꾼다. 그렇게 정원 일을 끝내고는 정원에서 간단히 샌드위치를 먹기도 하고 다과와 더불어 이웃이나 지인들과 대화하는 등 정원에서 많은 시간을 보낸다. 이들이 정성으로 정원을 가꾸는 이유가 그들 스스로에게 돌아오는 아름다운 휴식의 즐거움도 있지만 나로 인해 이웃에게 피해를 주지 않아야 한다는 생각도 크다고 한다. 내가 잡초를 뽑지 않고 정원을 가꾸지 않게 되면 당연히 이웃들에게 피해가 가는 것은 당연할 것이다. 이웃의 잘 가꾸어진 아름다운 정원은 나에게도 아름답다. 이와 같이 내가 이웃을 향하여 베푼 사랑의 마음은 결국 나에게도 그 열매가 돌아온다.』

영국 어학원, St'giles

영어에 대한 갈망과 유럽과 활발한 비즈니스를 꿈꾸며 어학연수라는 길을 통하여 유럽으로 가게 된 것은 매우 성공적인 선택이었다. 아는 분의 소개로 알게 된 국내 서울의 한 어학원에서 상담한 후 런던에서 5개월의 어학연수와 1개월의 자유 시간으로 떠나기로 했다. 한국에서 학비와 홈스테이 비용을 미리 결제하고 드디어 2018년 봄에 출발했다.

다양한 국적의 학생들이 수업하는 런던의 흔한 어학원의 진지한 모습

국내에서는 잘 몰랐는데 결과적으로 운이 좋았던 것 같다. 막상 직접 현지에 가서 보니 영국의 높은 물가를 실감할 수 있었는데 특히 주택 임대료가 깜짝 놀랄 수준이었다. 2018년 당시에 작은

방 하나의 임대료가 150만 원에서 200만 원 이상이었다. 그나마 우리 같은 이방인은 그러한 방도 쉽게 구하기가 어려웠다. 이유는 어떤 사람인지 잘 알지 못하는 이방인에게 임대했다가 곤란한 일이 생기는 거보다 차라리 임대하지 않는 것이 낫기 때문이라고 한다. 어학원을 통해 일반 시세의 2/3~1/2 수준으로 저렴하게 지출할 수 있어서 매우 만족할 만한 여정이었다. 이처럼 저렴할 수 있었던 결정적인 이유가 바로 신뢰할 수 있는 거래가 가능하기 때문이다. 무엇보다 유럽인과 동양인이 문화적으로 다르고 (선량한 일반인으로서는 아주 억울하지만) 임대인으로서는 예상치 못한 골치 아픈 문제가 발생할 가능성이 많은 이방인과 거래하지 않으려는 것은 당연하다. 물론 같은 유럽인들에게는 얼마든지 더 저렴한 주택 임대료로 생활할 수 있는 곳도 많다. 실제로는 잘 모르는 이방인에게 임대하여 행여 있을 수 있는 어려움 때문에 아무에게나 임대하지 않는다. 현지의 어학원과 국내의 어학원이 서로 보증하는 거래가 되면서 개인이 직접 거래하는 것보다 훨씬 저렴한 비용으로 장기 주택 임대가 가능했다.

내가 등록한 St' Giles 어학원의 정확한 명칭은 'St' Giles London Central'로 1955년 설립된 'St' Giles International'의 6개 지점 중 하나이다. 이름처럼 런던 시내의 대영박물관 근처 런던 중심가에 있었다. 바로 앞에 공원도 있고 전철역도 가까워 교통도 편리하고, 공부하기에도 좋은 데다 중심가에 있어서 다양한 문화 이벤트와 시설들을 쉽게 경험할 수 있는 곳이었다. 런던

시내의 어학원답게 많은 나라에서 다양한 사람들이 짧게는 2주부터 길게는 6개월까지의(단기 비자가 6개월이 최장) 기간으로 어학연수를 받는 사람들과 같이 공부하게 되었다. 학생들은 유럽의 이탈리아, 프랑스, 스페인, 러시아, 터키 같은 나라와 아시아에서는 한국, 일본, 중국, 대만이 그리고 북미의 멕시코, 남미의 아르헨티나, 브라질, 콜롬비아 등 아주 다양한 나라에서 모여들었다. 다국적의 사람을 만나며 그들의 구체적인 삶의 모습들과 행동, 표정, 말투를 경험하며 왠지 모르는 서먹함이나 우월감과 위축감의 원인을 더 잘 이해할 수 있게 되었다. 그들의 말투와 행동에는 나름대로 이유와 특징이 있었다. 다양한 나라의 다양한 사람들은 나랑 문화도 다르고 당연히 생각도 많이 달라 간혹 오해도 있었던 것 같다. 한 번은 약간 몸집이 있는 러시아인 앞에서 무심코 요즘 체중 관리 때문에 음식을 사양했다고 했다가 표정이 돌변하여 많이 당황한 적도 있었다. 당시는 당황해도 시간이 지나면서 대부분은 시간이 지나면서 서로 이해하게 되는 걸 보면 모든 것은 그럴만한 이유가 있는 것 같다. 덕분에 많이 배우고 시야가 많이 넓어졌다.

학원과 연결하여 진행하는 다양한 프로그램들이 있다.

런던의 직장인들

　막연한 선입견과 달리 런던의 직장인들도 우리와 별반 다를 게 없이 고달파 보인다. 어학원의 선생님들을 보면서 어렴풋이 짐작할 뿐이지만 얼마나 쉴 틈 없이 일하는지 굉장히 힘들어했다. 영국의 지방 도시 출신으로 런던대학교라는 세계랭킹 50위 안의 대학을 졸업하고 영어 강사 일을 하는 여자 선생님이 우리 반 담임이었다. 그녀는 현지 직장인들의 애로 사항을 일종의 정보 공유나 교육 차원으로 알려 주며 약간의 푸념도 함께 늘어놓았다. 일하는 시간은 우리와 비슷하나 노동의 강도는 유럽이 훨씬 빈틈이 없어 보였다. 대략 하루 8시간을 일하는데 점심시간 1시간과 정해진 잠깐의 휴식을 빼고는 8시간을 온전히 일해야 한다고 한다. 직원들이 쉴 틈 없이 일하도록 하는 관리시스템이 아주 정밀하게 설계된 듯하다. 실제로 유럽의 직장인들은 월요일부터 금요일까지 주중에는 회사를 위해 몰입하여 일을 하고 저녁 시간에는 다음날 회사 일을 위한 충전의 시간으로 생각하며 가정에서 쉰다고 한다. 이것은 이들의 높은 생산성과도 무관하지는 않은 것 같다.

　보통의 직장인들은 이렇게 주중에 몰입하여 일하고 금요일 저녁에는 클럽을 가거나 친구를 만나 회포를 푼다. 그런데 선생님 같은 경우는 주말이면 거의 파김치 수준이 되어 주말 내내 잠을

잔다고 한다. 이와 같이 피곤해하는 또 다른 이유 중 하나가 출퇴근 때문이었다. 런던 시내는 임대료가 비싸 외곽으로 1시간 10분에서 20분 정도 떨어진 곳에 집이 있어 주말이면 지칠 수밖에 없단다. 출퇴근과 빈틈없는 회사 관리시스템에 피곤하겠지만 언제나 유쾌하고 재미있는 수업을 하던 좋은 선생님들이 생각이 난다. 나중에 생각해 보니 많은 선생님은 진심으로 학생들을 아끼고 존중했던 것 같다. 그렇지 않은 선생들도 물론 있다.

전에는 우리나라와 선진국들과의 생산성이 차이에 대해 막연하였었지만 아주 조금이나마 이해할 수 있었다. 그러면서 우리가 누리고 있는 것과 고쳐야 할 것도 어렴풋이나마 헤집어 볼 수 있었다. 이들이 스스로 받은 만큼 열심히 일한다는 원칙은 분명해 보였지만 어딘지 모르게 숨 막히는 답답함이 밀려왔다. 유럽인의 높은 생산성의 이면에는 매우 빈틈이 없이 치밀한 근무 시스템도 한몫했을 거라 짐작한다. 결국 세상에 공짜는 없다.

다양한 방법으로 다양한 국적의 학생들에게 유쾌하게 수업 중이다.

Ashurtst Road

런던의 주택들은 마치 장벽처럼 길게 늘어서 녹지는 밖에서는 보이지 않는다.

런던에 머물면서 지냈던 홈스테이가 있는 지역 이름이다. 주인은 혼자 사시는 학교 심리학 교수님으로 남편은 안 계시고 장성한 자녀 둘은 결혼해서 런던 주변 다른 도시에 살고 있었다. 처음에는 엄숙해 보이는 인상이라 조금 부담스러웠지만 생활 규칙이나 식사 방법과 유용한 팁 등에 대한 설명은 교수님답게 체계적이고 논리 정연해서 쉽고 빨리 적응할 수 있었던 것 같다. 다행히도 함께 머물렀던 동료들이 대부분 일본인이어서 더 익숙하고 편안히 지낼 수 있었다. 심리학에서는 꽤 권위가 있는 분으로 이분께 배운 일본인 제자들이 많아서 홈스테이하는 동료 중에는 유달리 일본인이 많았다. 중국인은 무슨 이유인지 받지 않는다고 한다. 그래도 한국인이 그분 기준에 일단 합격이라니 우리 한국인들의 매너가 해외에서는 좋은 편에 속하는 것 같아 다행이라고 생각했다.

처음에 공항에서 홈스테이로 가는 택시에서 바라본 런던 시내는 겨울 끝자락의 저녁이어서인지 왠지 쓸쓸하고 삭막해 보였다. 런던은 다른 도시들 보다 나무와 정원이 많다고 했는데 어둡고 칙칙한 건물들만 보이는 풍경에 많이 의아해했다. 그렇지만 홈스테이에 도착한 다음 날 아침에 너무나 깨끗한 공기에 파릇파릇한 잔디가 깔린 넓은 뒤뜰의 정원을 보니 말로만 듣던 높은 녹지율의 비밀과 자연 친화적인 유럽인들의 정서를 짐작할 수 있었다.

런던의 주택은 2, 3층 정도의 집들이 측면 벽끼리 바로 붙어 기다란 블록 모양의 일명 '테라스 하우스(Terraced House)' 형태가 많다. 앞뒤로 기다란 직사각형의 단독 주택 몇십 채를 길게 옆으로 붙인 모양새다. 내가 살았던 홈스테이도 같은 구조였다. 2차 대전 후에 지은 이 집은 공간 활용이 뛰어나 방이나 주방, 거실 등을 좁은 공간에 절묘하게 잘 구겨서 넣었다고 표현해도 될 정도로 작지만, 불편하거나 부족함이 없었다. 주택의 전면에는 작은 미니 정원이 있고 승용차 1대 정도 주차가 가능한 공간도 있었다. 호기심 가득한 마음으로 처음 현관문을 열었는데 생각보다 많이 넓고 편안해 보였다. 1층에는 입구 쪽으로 작은 방과 2층 계단이 있고 안으로 더 들어가면 식당을 겸한 거실과 주방이 있고 그 끝에서 밖으로 나가면 잘 가꾸어진 정원이 있는 편안하고 아름다운 집이었다. 푹신한 카펫이 깔린 계단을 올라가면 2층에는 화장실 2개와 방이 3개 그리고 작은 다락방도 하나 있었다. 그러다가 바라본 초록 잔디가 깔린 뒤편의 정원은 어느 경치 좋은 야외에 온 듯 착각할 정도였다.

　이들도 주중에는 우리나라 직장인들 못지않게 무척 바쁘게 산다. 직장인 대부분은 아침 일찍 출근하고 저녁이면 퇴근해서 또 내일을 준비하는 우리와 꼭 닮은 삶을 살아간다. 조금 다르다면 주말이면 거의 어김없이 이웃들과 어울려 시간을 보내기도 하고 정원을 가꾸기도 하며 때로는 매월 한 번 정도는 런던 외곽에서 사는 아들과 손자들을 정기적으로 만나며 시간을 보낸다. 어디나 살아가는 일상은 우리와도 큰 차이는 없는 비슷한 삶을 바쁘게 살아간다. 약간의 다른 모습은 이들에게는 조금 더 계획적인 삶의 모습도 보였다.

주택들 뒤에는 놀랍게도 각자의 정원이 있고 동네 공원까지 길게 연결된다.

그렇게 기대와 두려움과 호기심으로 시작한 런던 생활의 첫 아지트에서 편안하게 잘 적응할 수 있었던 건 좋은 주인 분과 함께여서라는 생각에 많이 감사하다. 선생님답게 생활 규칙을 설명할 때는 넘치는 카리스마로 단호하고 존재감이 있지만 평소에는 따뜻하고 자상함을 느낄 수 있는 분이었다. 함께했던 동료들도 고맙다.

런던의 공원들

하이드 파크(Hyde Park)의 플라타너스.

런던은 세계에서 으뜸이라고 자부해도 될 만큼 높은 녹지율을 자랑한다. 런던시의 녹지는 매우 질적으로도 알차서 산이 많은 다른 도시에 비해 크고 작은 공원들이 압도적으로 많다. 간혹 만나는 산들도 평지에 가까울 정도로 낮은 편이라 사람들이 편리하게 접근하여 다양하게 즐길 수 있다. 그런데 어떤 공원은 가끔 우리의 상식을 벗어날 정도로 아주 크거나 시간을 넘어 역사적으로 다가오는 연륜이 있는 나무를 만나기도 한다. 그래서 시민들이나 런던을 찾는 수많은 사람에게 런던의 공원은 더 인상 깊게 다가온다. 이렇게 런던의 공원들이 오랜 세월 잘 꾸며지고 관리된 흔적이 보이는 이유가 왕실 소유의 공원, 일명 왕립공원들이 많기 때문이라고 한다. 여기에는 그리니치 파크(Greenwich Park), 하이드 파크(Hyde Park), 세인트 제임시스 파크(St James' Park), 리치몬드 파크(Richmond Park), 켄싱턴 가든스(Kensington Gardens)를 비롯하여 런던의 유명한 공원들은 거의 왕립공원이라고 보면 된다. 왕실은 민심을 얻고 시민들은 수준 높은 공원을 마음껏 누리며 살아간다. 과거에 왕실 사냥터였던 곳도 많은데 이곳에는 지금도 사슴 같은 동물들을 볼 수 있다.

또한 런던의 녹지 사랑은 가정마다 개인의 정원을 잘 가꾸는 모습에서도 엿볼 수 있다. 일반 가정집들도 보통 주택 면적보다 더 넓은 정원을 가지고 있다. 이러한 개인들의 정원은 이웃의 정원들과 서로 길게 연결되어 동네마다 어김없이 있는 크고 작은 공원으로 자연스럽게 이어진다. 거대한 녹색지대가 연결된 셈이다. 동물들은 생존에 필요한 생태계가 복원되고 시민들은 다른 나라 다른 도시에서는 보기 힘든 삶의 공간을 함께 공유하는 것이다. 보통 개인의 정원은 벽으로 길게 이어진 집들 뒤편에 있다. 정원마다 낮은 담이 있어 어린이도 안심하고 놀고 일광욕을 즐기기도 하지만 새는 물론이고 심지어 여우 같은 동물들에게도 왕래가 자유롭도록 느슨하게 관리한다. 집마다 먹이를 주고 놀 곳을 기꺼이 제공한다. 시민들 모두가 야생 동물들을 돌보고 함께 즐긴다. 그러면서 이들은 자연스럽게 공유하는 것이나 함께하는 지혜를 배우는 것 같다.

　런던의 크고 유명한 공원들은 우리의 상상을 많이 벗어날 정도로 커서 어느 정도의 시간적인 여유를 가지고 공원을 방문해야 편안하게 다 둘러볼 수 있다. 하이드 파크(Hyde Park)는 런던의 중심부에 있으면서 거의 평지이고 꽃은 별로 없지만 오래된 플라타너스를 비롯한 수천 그루의 나무들이 그 자리에 있다. 이 공원은 켄싱턴 가든(Kensington Gardens)과 이어져 있는데 두 공원 전체는 250ha, 평수로는 75만평이 넘는 방대한 공원이다. 그리고 리젠트 파크(Regent's Park)는 런던동물원(London Zoo), 마담 투소(Madame Tussauds)와 셜록홈즈 박물관(Sherlock Holmes Museum)과 인접해 있어서 같이 둘러보면 좋다. 그리고 근위병

그리니치 파크 모습 - 공원과 빌딩 사이에 템스강이 흐른다.

교대식으로 유명한 버킹엄 궁전(Buckingham Palace) 옆에도 세인트 제임스 파크(St. Jamess' Park)와 그린 파크(The Green Park)가 있어 많은 행사가 열리는 곳으로 볼거리가 다양하다.

햄스테드 히스(Hampstead Heath)는 런던 도심 북쪽에 있는 넓은 공원이다. 높은 산이 없어 거의 평평한 지형의 런던에서 공원 꼭대기 팔리아먼트 힐(Parliament Hill)에 오르면 런던 시내를 한눈에 볼 수 있는 동산 공원이다. 역시 높은 언덕에서 도심을 보거나 특히 도심 야경으로 유명한 알렉산드라 파크 & 팰리스(Alexandra Park & Palace)도 있다. 그리고 그리니치 파크(Greenwich Park)는 경도의 기준이 되는 본초 자오선(本初子午線, prime meridian)을 볼 수 있는 그리니치 천문대 앞으로 펼쳐진 공원으로 런던 템스강(River Thames) 남동쪽에 있는 아름다

런던 St. Giles학원 근처의 Russell Square Park에서의 점심시간

운 공원이다. 그리니치 천문대의 유명세와 함께 그리니치 파크 언덕에 앉아 런던 도심을 감상할 수 있는 공원이다. 그 외에도 런던을 벗어난 런던 주변에 왕립공원들도 있는데 하나하나 모두 훌륭하다. 공원의 천국인 런던에 간다면, 런던에서 크고 작은 공원의 여유와 평화를 느껴 보기를 강력하게 추천한다.

  이들이 공원을 즐기는 모습도 우리와는 조금 다르다. 날씨가 좋은 계절에 점심시간이면 도심의 공원은 직장인들로 가득 찬다. 보통 샌드위치와 커피로 식사하는 모습이고 혼자라면 책을 읽거나 같이 모이면 식사와 더불어 대화의 꽃을 피운다. 삶의 철학을 서로가 공유하려는 듯이 자신을 돌아보는 유의미한 대화를 즐긴다고 한다. 공원에서 대화와 독서에 매우 집중하는 모습은 우리와는 조금 다르게 독특하게 보인다.

  런던은 어디를 가도 크고 작은 공원들이 아주 많고 몇몇 공원들은 전체를 둘러보기가 힘들 정도로 방대하다. 어떤 공원들은 분위기와 주변 모습이 헷갈릴 정도로 서로 비슷하기도 하다. 나 같은

런던 외곽 지역의 주택가 근처 공원이 마치 시골길처럼 한적하다.

이방인들이 공원에 기대하는 생각이나 자세가 조금은 달라야 실망하지 않을 듯하다. 그들에게 공원이란 집의 정원처럼 일상적인 삶의 공간이며 무엇을 보려는 것보다 그 안에서 무엇을 하고 어떻게 즐길지가 더 중요한 곳 같다.

그들에게 공원은 다양한 삶의 일부이다.

런던에는 여우가 산다

런던 주택 뒤에는 정원들이 서로 이어져 큰 공원까지 녹색지대를 이룬다. (Google Earth)

영국에서는 런던 같은 대도시에서도 대낮에 집 안의 정원에서 새끼들과 신나게 산책하거나 마치 자기들이 주인인 듯 휴식하는 붉은 여우 가족을 흔하게 볼 수 있다. 행동이 마치 그 집에서 기르는 애완동물보다 더 자연스럽고 거리낌 없다. 이처럼 도시에 사는 여우는 영국 도시 전역에서 대략 3만 마리 이상이며 런던에 만 1만 마리가 넘는다고 한다. 우리나라에서 여우는 어느 순간 보이지 않는 멸종된 동물로 동물원에 가야만 볼 수 있는 동물이 다. 영국에서도 당연히 야생에서나 볼 수 있을 거 같았는데 어떻게 수도 런던 생활에 적응했는지 신기하다. 사람을 보고도 놀라지 않고 오히려 정원에서 휴식하던 사람들이 기겁하여 달아난다.

도심에서 살아가는 여우는 유럽의 일부 다른 도시에서도 매우 드물게 보인다는데 런던의 여우는 그 수가 많아 아주 유명하다. 이처럼 도심 속에서 여우가 사는 이유가 풍부한 녹지와 더불어 사람들 대부분이 여우를 만지거나 가까이하지는 않아도 여우에 대한 호감도가 좋은 편이기 때문이라고 한다. 영국 전체에서만 최근 25년간 대략 5배 정도가 늘어났다고 하니 여우의 도시 적응 은 풍부한 녹지와 더불어 그들의 함께하는 삶의 철학이 투영된 것 같다.

런던의 주택 구조는 상상 이상으로 매우 독특하다. 도로 양옆으 로 주택들이 거대한 장벽처럼 이어져 있어 길을 따라 걸어도 정원 은 보이지 않고 녹지가 많다는 말이 별로 실감이 나지 않는다. 그러나 놀랍게도 집 안으로 들어가면 주택 뒤편에 각자의 개인 정원이 집이 이어진 것처럼 길게 연결되어 있다. 오직 주택의 출 입구를 통해서만 들어가는 정원으로 어떤 방해도 받지 않고 자기 의 정원을 즐길 수 있다. 또한 어린아이도 안전하게 마음껏 뛰놀 수 있는 공간이 되기도 한다. 런던을 비롯한 유럽 사람들의 정원 사랑은 아주 유별나 보이는데 그 이유는 런던처럼 주택 임대료가 비싼 곳에서 정원이 주택보다 더 넓은 땅을 차지하고 있고 정원을 가꾸는 정성 또한 지극했기 때문이었다. 이들의 다른 문화는 우리와 비교할 가치가 있어 보인다. 정원 대신 그 자리에 주택을 더 지어 임대할 수도 있지만 그들은 녹지를 지켜냈다. 물론 법규가 있기에 마음대로 할 수 없지만 그 법을 만들고 유지하는 힘은 오로지 시민들의 건전한 절제와 더 넓게 더 멀리 보는 지혜가 있어야 가능할 것이다.

주택 뒤편으로 이어진 정원들은 옆집의 정원과 그 옆집의 정원으로 연결되어 결국은 거의 동네마다 하나씩 있는 큰 공원까지 이어진다. 즉 런던 전체의 정원들이 길이를 헤아리기 어려운 기다란 끈처럼 연결되어 방대한 녹색지대가 되는 셈이다.

런던 사람들의 정원 사랑만큼이나 특별한 부분이 바로 정원을 공유하는 개념이었다. 공중의 새를 위해 새 모이와 물을 항상 마련해 두고 옆집 정원과는 울타리 아래로 동물들이 자유롭게 드나들 수 있는 소위 개구멍 같은 여우들의 출입 통로가 있다. 이

런던의 주택가 정원에서는 자유롭게 뛰어노는 여우들이 자주 보인다.

구멍들은 막힘이 없이 길게 공원까지 이어진다. 런던의 여우는 붉은 갈색의 작은 사냥개 크기지만 야생 동물처럼 사냥도 하고 새끼도 낳으며 산다. 여우가 번식할 환경과 먹이가 있어야 개체가 늘어날 텐데 그들이 보금자리를 만들기에 런던의 환경은 충분하다.

여우를 가까이하지 않은 우리야 말할 것도 없고 현지인들도 여우가 오면 기겁하고 도망간다. 평화로운 휴식을 방해하는 여우에게 분명히 화가 날 텐데 런던 사람들 누구도 여우를 해치거나 위협하지 않으니 그 모습도 신기했다. 여우는 잡식성이며 생존 적응이 뛰어난 동물이라고 한다. 여우 같다는 표현을 보면 얄밉고 요망하다는 사전적 의미도 있지만 매력적이고 눈치를 잘 보며 상대에게 잘 맞춰주는 여자에게 여우 같다는 표현을 쓰기도 한다.

정원 울타리 아래 여우 구멍(?)이 집마다 이어진다.

그만큼 여우는 적응력이 뛰어난 동물은 확실해 보인다. 런던 같은 대도시에 여우가 살아가는 다양한 이유가 있겠지만 여우와 인간의 절묘한 공존이 돋보인다. 여우는 인간을 무서워하지 않지만 공격하지도 않는다. 그러나 개체수가 점점 많아지고 먹이가 부족해지면 어떻게 돌변하게 될지 모른다. 지금은 낭만적이고 평화롭지만 언제든 사회문제가 될 수도 있기 때문이다. 오랫동안 런던에서 평화롭게 여우가 살고 그 여우를 다시 만나는 행운이 있기를 바란다.

런던의 2층버스

아름답고 편리한 런던의 상징, 빨간색 2층버스는 많은 사람이 이용한다.

　런던을 대표하는 교통수단을 떠올리면 'Black Caps'라 불리는 런던 택시와 더불어 빨간색 2층버스이다. 런던 시내로 출퇴근하는 직장인들은 대부분 대중교통 시스템을 이용하는데 대중교통수단만으로도 불편하지 않도록 구석구석 잘 연결되어 있다. 자가용으로 출퇴근하면 비용도 많이 들고 오히려 더 불편할 때가 많아 차는 주로 주말에 장 보러 가거나 외곽으로 출근하는 등 장거리 이동에 이용한다. 런던의 2층버스는 세계 최초의 지하철인 'Tube'와 함께 런던의 중요한 대중교통수단이다. 런던의 시내버스는 2층버스가 대부분이고 노선 내에서 멀리 이동하는 경우는 주로 2층에 앉고 가까운 거리 승객들은 1층에 서서 가는 편이다.

2층 맨 앞 좌석은 시야가 시원하게 확보되니 관광객들에게 인기 만점이다.

　버스에는 운전기사 외에는 별도 승무원은 없고 시민들이 자율적으로 런던의 교통카드인 'Oyster card' 등으로 탑승하는데 버스 기사들의 운전 솜씨가 감탄을 금할 수가 없다. 특히 승객들이 타고 내리기 쉽도록 적절한 위치에 아주 부드럽게 정차하는데 신기하다고 생각이 될 정도다. 일반적인 도로는 물론이고 좁은 길이나 커브 길에서의 운전 솜씨는 조금만 지켜보아도 탄성이 나온다. 그런데 중요한 것은 매일 버스를 타지만 이들의 운전은 모두가 하나 같이 잘 한다는 것이다. 하도 신기하여 호기심으로 살펴본 그들은 다양한 인종들로 구성되어 있다. 간혹 현지인 같은 중년의 백인들도 있지만 다양한 국적의 이민자 모습이 훨씬 많아 보인다. 다양한 사람들의 운전이 한결같음은 엄격한 기준에 의해 잘 관리되고 운행되고 있음을 미루어 짐작할 수 있다. 이들은 부러운 직업으로 유명한 런던의 택시 운전사들의 택시 기사보다는 덜 하지만 버스 운전사 역시 여러 단계의 시험과 관리를 받고 있다고 한다.

　실제 유럽의 여러 나라는 택시나 버스같이 타인의 생명에 영향을 줄 수 있는 교통 관련 전반을 매우 엄격하게 관리하고 규제한다. 독일을 비롯한 유럽 대부분이 운전면허 취득 기준과 과정이 매우 엄격하기로 유명하다. 예를 들어, 런던 택시 기사 시험을 보려면 25,000개의 도로와 20,000개의 명소를 외워야 하고 시험에 통과해야 자격을 취득할 수 있다. 물론 상당한 보수가 보장된다. 교통 분야에서 인명 존중을 최우선으로 삼고 반드시, 필요한 좋은 시스템을 만들어 엄격하게 실천하는 바람직한 모습을 목격했다. 내가 보호 받기 위해서는 타인의 안전을 함께 생각해야 함도 느낀다.

런던의 이발사

런던의 이발사의 80%가 터키인이라고 한다. 당연히 처음부터 이러하지는 않았을 터이니 세계 곳곳에서 벌어지는 자본주의적 직업군의 경쟁이 이 영역에서 있었던 것은 확실해 보인다. 결국 최후의 승자는 터키인이었고 이러한 영향으로 길에서 만나는 남자마다 유행하는 헤어스타일이 아주 비슷하다. 기대나 상상과 달리, 전형적인 영국 신사 스타일이나 일명 멋들어진 웨이브의 긴 머리 헤어스타일은 보기 어렵고 비교적 강하고 남성적인 짧은 헤어스타일이 더 많이 보였다. 이발사들의 영향이 있음은 당연하여 남자들 대부분의 모습과 분위기가 중동의 이슬람 스타일이 연상되어 조금 아쉬웠고, 의외라고 생각되었다. 터키 이발사들은 가위보다는 일명 바리캉(bariquand)으로 커트하는데 사용하는 방법도 조금 특이하다. 바리캉(bariquand)에 높이가 각각 다른 높이 조절용 기구를 계속 바꾸어 가며 방향을 옆으로 아주 정교하게 손질한다. 높이가 일정한 기구를 끼워 밀고 조금 큰 기구로 바꾸고 다시 밀고를 반복한다. 이 기술은 마치 아무 손재주가 필요 없어 보이는 마치 아이들 장난 같은 과정이지만 결과적으로는 아주 매끈하게 커트가 되니 신기하다. 손의 감각으로만 바리캉(bariquand)을 조절하는 우리 미용사들과 사뭇 다르다. 그리고 미용사가 여러 명인 경우는 헤어스타일에 따라 전문 미용사가

홈스테이 근처 동네 이발소, 이발사는 역시 터키인이었다.

각각 다른 경우도 있다. 즉 각자가 잘하는 스타일로만 계속하는 것이다. 물론 미용사가 한두 명인 경우는 그냥 입장 순번으로 미용사가 배정된다. 원하는 스타일을 사진으로 보여주면 그대로 일단 시작을 하지만 결과는 그들의 스타일대로 되는 경우가 대부분이었다. 이들의 스타일이나 커트 기술이 유행해서인지 영국 현지인 같은 이발사들도 아예 같은 기술로 커트한다.

전반적인 미용실의 분위기는 우리와 거의 유사하다. 예약제로 운영되는 고급 미용실도 있고 미용실의 시스템도 유사하다. 단 물가가 비싼 나라답게 커트 비용도 비싸고 머리를 감겨주는 서비스도 별도로 비용을 계산한다. 현지 교민 중에는 자기 머리를 손수 커트하는 사람도 있었다. 이분은 머리를 아예 빡빡 밀어버리는 헤드 스킨 스타일이지만 뒷머리도 거울을 보고 직접 커트한다니 신기하고 조금 놀라웠다.

런던 타워(Tower of London)

런던의 템스(Thames)강 주변에는 유명한 관광 명소들이 많다. 빅벤(Big Ben)과 웨스트민스터 궁전(국회의사당), 그리고 웨스트민스터 사원을 둘러보고 바로 앞 템스강 여객터미널(Thames River Boats)에서 출발하여 하류의 런던아이와 런던 브리지, 런던 타워를 지나 아래로는 그리니치 천문대까지 구경할 수 있는 다양한 코스의 보트 투어가 관광객들에게 인기다. 런던 홈스테이에 도착해서 첫 주말에 주인이 추천했던 관광코스가 런던 보트 투어였다. 많은 볼거리 중에서 런던 타워는 영국의 복잡한 역사를 공부하기에 아주 좋은 장소다. 영국 역사의 주요 사건의 현장이기 때문이다. 로마의 지배와 켈트족, 앵글로·색슨족 이후 정복자 윌리엄 1세가 영국의 역사에 등장하며 런던 타워가 역사의 무대로

얼핏 보기에도 견고한 런던 타워의 방어용 성곽

런던 타워 브리지(Tower Bridge)에서 바라본 런던 타워

    부상했다. 현재 프랑스영토인 노르만왕조의 귀족에서 영국의 새로운 왕이 된 윌리엄 1세의 왕궁으로 지은 건물이 런던 타워다. 처음에는 왕의 거처인 궁전으로 지어 이용하다가 나중에는 많은 인물이 갇힌 감옥이자 처형 장소가 되었다. 특히 이곳은 영국 왕 헨리 8세와 앤 불린의 등장으로 역사의 하이라이트를 장식하게 된다. 헨리 8세가 앤 불린을 두 번째 왕비로 맞으려 하자 로마 교황청이 반대했고 영국의 국교를 가톨릭에서 성공회로 바꿀 정도로 요란하게 결혼했지만 이후 앤 불린은 이곳에 갇혀 처형되고 만다. 헨리 8세의 요란한 여성 편력도 얘깃거리지만 무엇보다 앤 불린이 스페인의 무적함대를 격파하여 대영제국의 시작을 알린 엘리자베스 1세 여왕의 생모이기에 역사적으로 더 유명한 인물이 되었다. 그녀가 얼마나 억울했는지 나중에 유령이 되어 이곳에 나타났다는 전설도 전해 진다.

타워라는 이름만으로는 남산타워나 도쿄타워 같은 높은 타워를 연상할 수 있지만 실제로는 궁전과 감옥이었다는 사실은 '의외의 장소'라는 생각의 시작이다. 한때 감옥이었으며 많은 사람이 처형된 장소이기에 당연히 으스스한 기분이 들지만 이곳은 값을 헤아릴 수 없을 만큼 놀라운 영국 왕실의 보물들이 이곳에 보관되고 전시되는 곳이다. 왕관을 비롯한 대관식 물품의 수장고로 실제로 영국 왕의 왕관을 비롯한 보석들을 관람할 수 있다. 이곳은 화이트 타워라고도 불리는 군주의 거처가 있는 건물과 방어와 보호를 위한 해자와 외부 성곽으로 이루어져 있다. 겉보기에는 작아 보여도 영국 역사와 왕실 보석에 대한 큰 관심으로 관광객이 아주 많이 찾는다.

런던 타워의 입장료는 생각보다 비싼 편이고 웨스트민스터 사원과 더불어 이곳을 안내하는 공인 가이드 추천한다. 치열한

내부는 다양한 전시품

런던 타워는 규모는 작아도 충분히 시간을 두어 여유롭게 둘러보기를 추천한다.

영국인과 영국 왕실의 역사와 숨은 이야기들을 들을 수 있기 때문이다.

런던 타워 바로 앞에는 린던을 상징하는 유명한 다리인 타워 브리지(Tower Bridge)가 있으니 함께 관람해도 좋다.

영국 왕실의 보물을 관람하는 것은 잊을 수 없는 경험이다.

런던 타워 건너편 템스강 주변 카페에서 런던 타워를 바라보며 여유로운 휴식을 즐기거나 아름다운 추억을 남길 수도 있다.

타워 브리지 위에서는 야바위로 사람들을 현혹하는 모습을 보기도 한다.

PART 1-3

유럽에서 느끼다 - 그들의 삶과 문화

『런던 어학원 강사는 꽤 인기가 있는 직업이라고 한다. 나를 가르치던 선생님도 런던대학교라는 명문대학교를 졸업한 분이었다. 어학원에서 의욕이 넘치는 학생들은 오후까지 종일 공부하기도 하지만 나와 같은 직장인들은 보통 오전에는 수업을 듣고 오후는 자율적으로 시간을 보낸다. 그래서 평일 오후는 공부하거나 런던을 비롯한 가까운 근교를 여행하기도 하고 주말에는 더 멀리 영국 외곽이나 유럽 대륙 여행도 충분히 가능하였다. 학원에서도 이를 위한 비교적 저렴하며 다양한 프로그램을 운영하고 있었다. 덕분에 어느 정도 사회 경험도 있었던 나는 관심이 있는 분야나 도시에서 나양하고 유익한 경험을 할 수 있었다. 어학 공부가 끝나고 1개월 정도는 본격적으로 유럽 여행을 다니게 되어 더 많이 느끼고 더 많이 배우게 되었던 것 같다. 영국과 유럽에서 생활하고 더불어 여행하면서 체험한 그들의 삶과 문화는 물론 그때 받은 느낌과 감동도 고스란히 기록하려 한다. 특히 학원 선생님들이 들려주는 진짜 유럽 이야기도 많이 포함되어 있다.』

그리운 카페들

코스타(Costa) 커피는 유럽에서는 가장 막강하다. 동유럽에서도 흔히 볼 수 있다.

유럽은 가히 카페 천국이라 할 만큼 카페가 많고 다양하다. 코스타(Costa Coffee)나 네로(Nero) 같은 유럽 커피 체인점도 있고 스타벅스(Starbucks)처럼 익숙한 커피도 있다. 그리고 유명 체인점보다는 덜 알려졌지만, 동네를 대표하는 각양각색의 수많은 카페가 즐비하다. 여기에 맥도널드 같은 햄버거 체인점이나 샌드위치 전문점인 프레타망제(Pret A Manger)의 커피도 맛이 아주 좋은 축에 든다. 유럽에는 샌드위치나 유기농 식품, 카레, 해산물 그리고 채소, 샐러드를 비롯한 일명 건강한 먹을거리를 주로 판매하는 체인점들이 매우 다양한데 여기서 판매하는 커피나 일반 식당에서 파는 커피도 역시 맛이 훌륭하다. 식당에서 파는 커피 대부분은 카페에서 많이 마셔본 듯 익숙한 맛이지만 가끔은 스타일이 독특한 커피가 나오는데 역시 맛이 좋은 편이다. 동네에서 어느 정도 자리 잡은 연륜 있는 대다수 카페나 식당 그리고 고속도로 휴게소에서 파는 커피 또한 실패한 경험이 없을 만큼 맛이 하나 같이 훌륭하다.

영국을 비롯한 유럽에서는 COSTA 커피 체인점이 유명한데 맛도 준수하다.

고속도로 휴게소의 커피 맛도 아주 훌륭하다.

 이처럼 어느 곳에서나 한결같은 훌륭한 커피 맛을 보면 유럽인들은 커피에 무척 진심인 듯하다. 식사도 오랜 시간 즐기기로 유명하지만, 카페에서 커피나 차를 마시며 대화도 느긋하게 즐긴다. 사람들과 함께하는 그들의 진지한 표정만큼이나 커피를 즐기고 사랑하니 커피의 맛과 분위기도 더욱 올라가는 게 아닐까. 진지해 보이지만 모두가 행복해 보인다. "그저 그런 커피로부터 세상을 구하라(Save the world from mediocre coffee)." 스타벅스(Starbucks)에 이어 세계 2위 커피 전문 체인점이며 영국을 대표하는 커피인 영국 코스타 커피(Costa Coffee)의 좌우명이다. 대단한 자부심이 느껴지는 슬로건인데 마셔보니 고개가 절로 끄덕여진다.

 유럽의 맛 좋은 커피는 하나 같이 좋은 재료와 좋은 기계에 커피를 만드는 솜씨 좋은 바리스타들의 합작품으로 여겨진다. 커피 체인점에 가면 맛에 대한 기대를 언제나 넘어서며 화답한다. 게다가 동네마다 수많은 카페의 커피는 역시 다양한 카페 분위기를 자랑하듯 훌륭한 맛은 기본이고 미묘하게 다른 독특함이 스며 있다. 그것은 다양한 커피의 브랜딩이나 바리스타의 기술도 있겠지만 카페마다의 다양한 분위기가 있었다. 독특한 커피잔을 비롯한 테이블과 카페 분위기 그리고 심지어 변화무쌍한 날씨나 함께 하는 다양한 사람들 때문은 아닐까 생각된다. 아무튼 유럽에서 마셔본 커피들은 언제나 어디나 맛이 아주 좋다.

    유럽을 떠나온 이후 커피는 신선한 빵과 더불어 그리울 때가 아주 많다. 어쩌면 이른 아침에 따끈한 빵과 함께 먹었던 동네 카페의 여유로움이나 고속도로 휴게소에서의 달콤한 휴식과 함께여서 인지도 모르지만, 그 맛이 정말 그립다. 스쳐 가는 추억들과 함께 매일 생각이 난다. 어쩌면 우리 인생도 가장 아름다운

오르세미술관 카페 캄파나(Cafe Campana)

시절의 행복을 그리워하면서 사는 것인지도 모르겠다. 매일 매일을 소중히 살아가기를 다짐해 본다.

단순함의 미학

표지판 하나가 보이지 않는 런던의 거리는 매우 단순하지만 불편하지 않다.

    유럽을 여행할 때 몇몇 경우를 제외하고는 거의 렌터카를 빌려 직접 운전하며 여행하는 편이다. 현지에서 거주한 경험이 있는 지인의 강력한 추천과 비교적 자유여행을 선호하기 때문이다. 처음에는 당연히 긴장하며 운전을 시작했는데 시간이 지날수록 우리나라보다 운전이 훨씬 편하고 오히려 쉬웠다. 우리나라에서의 운전과는 달리 오래 운전을 해도 훨씬 덜 피곤하다. 또 신사의 나라라는 명성에 맞게 영국은 교통질서에도 비교적 매너가 있고 신사적이다. 교통 법규가 우리나라와 다르게 (이웃 나라 일본과 비슷하게) 금지하지 않으면 허용되는 시스템이다. 예를 들어 녹색 신호에서는 사거리에서 우회전(우리의 비보호 좌회전) 금지 표시가 없으면 우회전이 자유롭다. 건너편에 주차하기 위해 중앙선도 자유롭게 넘나든다. 중앙선이 없는 도로도 자주 있고 또 중앙선 침범도 엄격하지 않아 반대쪽 차선에 주차하기도 한다. 즉 운전자들이 자율적으로 판단하도록 융통성이 살아있는 시스템이라 할 수 있다. 지방의 좁은 왕복 2차선 국도는 제한 속도가 시속 90km 정도로 지나치게 빠르지만, 시내나 위험 지역은 제한 속도가 50km나 30km 정도다. 제한 속도 이상으로 다니는 차는 찾기 어려울 정도로 대체로 모두가 지킨다. 간단히 말하자면 "꼭 필요한 것만 규제하고 단순화하여 최대한 쉽고 안전하게 운전하라. 그러나 지켜야 할 것은 반드시 지켜라."라고 요약된다. 서로 양보하고 지킬 것은 철저하게 지키니 길에서 싸우거나 교통사고 장면을 본 적이 거의 없다. (사실 유럽 거의 모든 나라에서 운전 상황은 거의 비슷했다) 운전석이 우리랑 반대라서 무척 어려울 것 같지만 실제는 쉽고 편하다.

도로의 교통표지판도 매우 단순하다. 그러나 도로 질서나 교통 편의에 전혀 문제가 없고 단순한 만큼 쉽고 빠르게 인지된다. 간결하고 단순하지만 부족함이 없는 철학은 교통표지판과 교통 시스템에만이 아니라 사회 전반에 널리 퍼져 있다. 단순함의 가치와 매력을 다시 돌아보게 한다. 필요한 것들만을 압축한 그 단순함은 결코 아무나 할 수 있는 일이 아닌 그 방면의 모든 부문을 이해하고 핵심을 제대로 추려낼 수 있는 진정한 고수들만이 가능하리라. 유럽을 여행한다면 군더더기 하나 없지만 조금도 부족하지 않으며 오히려 놀라운 집중으로 다가오는 단순함의 매력을 꼭 느껴보면 좋겠다.

거리는 복잡해 보여도 표지판은 단순하다.

결투, 상남자(Macho)들의 세계

유럽에서 길을 걷다 보면 유달리 남자들의 걸음걸이가 건들거리는 모습처럼 보일 때가 있다. 문신은 기본이고 어둠의 세계에 익숙한 남자들로 보일 정도로 폼을 잡고 동네 건달 같은 모습으로 걸어가는 남자들이 많다. 언뜻 보기에 체격도 우람하고 다소 험악해 보여 조금 긴장도 되지만 실제 가까이 해보면 겉모습과는 달리 아주 유순한 사람이라고 느껴진다. 유럽에서 만난 남자들의 대부분이 이와 비슷하게 일명 상남자의 스타일로 걷는 사람들이 많다. 마치 나 상당히 힘이 세니 건들면 다칠 수 있다고 말하는 듯하며 허세 가득한 모습에 때로는 귀여운 모습도 엿보인다. 유럽 현지인 중에서 이탈리아와 스페인 남자들처럼 보이는 사람도 많지만 주로 동유럽과 이슬람권 사람들도 많다. 아이러니하게도 러시아는 남녀 성비에서 유달리 여자가 높은데 그 이유 중 하나가 이러한 남자들의 상남자 증후군(?)에 의한 술과 담배의 남용으로 여자보다 단명하여 벌어진 이유도 크다고 한다.

실제로 유럽의 역사를 보면 명예를 위해 목숨을 걸고 싸우는 "결투" 문화가 있었고 지금도 잠재적으로 남아 있다. 미국 서부영화에 등장하는 결투 장면들은 이처럼 유럽인들의 결투 문화의 연장선에 있다고 봐도 무방하리라. 물론 지금은 결투는 법으로도 금지된 것이기에 실제로 목숨을 걸고 싸우지는 않지만, 이들의 자존심을 건드리거나 무시하는 말이나 행동, 그리고 종교처럼 아주 민감한 부분을 자극하면 정색하고 발끈하는 경우가 있다. 어떤 경우에는 우리의 상식이나 예상을 뛰어넘어 격렬하게 반응할 때도 있다. 서로 존중하는 매너를 무엇보다 중요하게 생각하기 때문에 무례하게 행동하거나 명예를 더럽히는 행위에는 단호하다. 그들에게 명예는 한때 죽고 살 만큼 생존이 걸린 중요한 삶의 일부였다. 당연히 지금도 명예를 위한 행동은 남자다운 행동으로 여기며 많은 남자들이 상남자처럼 거리를 활보한다. 그러나 이들에게 폭력적이거나 실제로 건달이나 깡패 같은 사람보다는 유럽 남자들의 근본적인 삶의 방식이나 삶의 철학이라고 이해하면 좋을 듯하다. 오늘도 거리의 남자들이 이렇게 속삭이며 걷는 것처럼 느껴진다. "나는 상남자(Macho)다."

런던 템스강 보트 투어의 가이드는 겉보기와 달리 익살스럽고 유머가 넘친다.

검은 수탉

 이탈리아 토스카나(Regione Toscana) 지역은 이탈리아 여행에서 빼놓으면 무척 아쉬운 곳이다. 아름다운 자연과 피렌체(Firenze), 피사(Pisa), 시에나(Siena)를 포함한 르네상스의 발상지답게 훌륭한 문화유산과 미술품을 둘러볼 수 있어서 많은 이들이 찾는다. 자동차로 둘러본다면 토스카나의 도시들은 역사가 깊은 데다 도시마다 개성이 강하고 매력적인 독특함이 남다름을 느낄 것이다. 도시를 조금만 벗어나면 평화로운 포도밭과 올리브 농장의 풍광들이 마치 그림처럼 펼쳐진다. 동쪽의 베네치아를 지나 피렌체와 시에나 사이에 있는 키안티(Chianti)는 와인으로 아주 유명한 지역이다. 여기서 생산된 와인은 엄선된 기준에 맞춰 등급을 나누는데 그중 키안티 클라시코(Chianti Classico)의 라벨에는 검은 수탉(Black Rooster) 문양이 그려져 있다.

 검은 수탉은 키안티 클라시코 와인 생산자에게 매우 중요한 상징인데 검은 수탉을 상징으로 삼은 데는 재미있는 일화가 있다. 중세 이탈리아가 통일되기 전에 도시국가 형태였던 피렌체와 시에나는 오랫동안 영토 전쟁을 벌이다가 전쟁을 끝내기로 합의했다. 서로 국경을 정하는데 국경을 정하는 방식이 매우 재미있는 발상으로 시작되었다. 즉, 두 나라 각각에서 수탉이 울면 그 순간부터 기병이 말을 달려 서로 만나는 지점을 국경으로 정하기로 했다. 피렌체는 검은 수탉을 선택하여 저녁을 굶겨 대기시켰고 시에나는 흰 수탉을 골라 잘 먹인 뒤 기다렸다. 다음 날 새벽이 되자 잔뜩 배가 고픈 검은 수탉이 먼저 일어나 밥을 달라고 울어대서 먼저 출발한 피렌체가 키안티 대부분을 차지했다는 이야기다. 그들이 합의한 기발한 국경 아이디어는 우리 정서로는 재미있지만 신기했다. 신뢰에 기반한 그들의 문화를 더욱 실감했다. 발상 자체도 선뜻 이해가 어려웠지만 그렇게 정한 합의로 중대한 국경을 정하다니, 약속을 약속으로 승복하는 정서가 그저 놀라울 따름이다. 수탉을 의도적으로 깨울 수도 있고 자기 수탉이 서로 먼저 울었다고 우길 수도 있기에 그들의 정직한 페어플레이 정신은 높이 살만하다. 스스로에게 떳떳한 양심적인 행동이 많이 퇴색해진 요즘의 시대에 그들의 정직한 신뢰는 더 강하게 기억된다.

아름다운 토스카나에는 검은 수탉의 전설처럼 재미있는 이야기가 숨어있다.

아시아(Asia)

　유럽인들에게 동양인은 결코 편안한 대상은 아닌 듯하다. 과거 한때는 거의 야만인으로 취급하던 시절도 있었고 일단 드러나는 외모로 보면 왜소해 보이니 만만하게 보는 게 당연할지도 모른다. 그러다 어느덧 일본을 필두로 우리나라와 중국까지 경제적 성공을 거듭한 덕분에 많은 동양인이 유럽을 방문하는 일이 많아지고 있다. 경제적으로도 서로 밀접하게 연관되다 보니 이제는 서로 대등한 관계로 만날 기회가 많아졌다. 과거에 아시아는 유럽의 식민지였으니 동양인에게 뒤처진다는 것은 그들에게는 여러 가지 의미가 있을 터다. 다른 나라는 몰라도 대한민국에는 절대로 뒤질 수 없다는 일본인들의 심리와 비슷하다고 할까? 때로는 두렵기까지 한 동양인들을 보며 많은 생각이 교차할 것은 자명한 일이다. 언젠가 아시아가 압도적으로 힘의 우위를 차지하여 역전된다면 모르겠지만, 지금으로서는 그들이 동양인에게 어떠한 형태로든 불쾌감과 불만을 표출할 수 있다. 안타깝게도 여전히 동양인이 유럽을 여행하면서 선을 넘을 정도로 인종차별적인 행태를 많이 겪는다.

　내가 보기엔, 일본은 그들도 어느 정도 인정하는 분위기가 있다. 일본은 메이지 유신 전부터 서양과 교류를 했고 많은 서양인이 일본 문화에 빠져든 역사가 있다. 일본의 도자기와 차 문화,

소란스럽고 빠른 문화에 대한 반발로 동양 문화와 불교에 관심도 많다.

 그리고 서양인이 보기에는 아주 독창적인 회화까지 한때 일본 문화를 열광한 적이 있다. 예를 들어 '아르누보(Art Nouveau)'라 칭하는 예술사조도 일본의 영향을 많이 받았다고 한다. 또한 독일과 함께 2차 대전으로 세계사의 한 페이지를 남기기도 했다. 전쟁 패전국에서 경제적으로 성공하며 한때 미국을 위협하는 존재였으니, 유럽도 어느 정도 인정하는 것 같다. 요즘은 우리나라도 유럽인들에게 보여지는 위상이 많이 커졌다. 삼성과 LG 그리고 현대 같은 기업들의 영향과 BTS를 필두로 하는 K-Culture의 영향도 크다고 볼 수 있다. 근래에는 영화에서까지 널리 위상을 펼치고 있다. 성장하는 자본주의의 영향으로 빠르고 바쁘게 사는 것을 싫어하는 유럽인들 사이에서도 조용한 종교인 불교에 대한 관심도 많아지고 있다. 기독교 국가인 유럽에서 불교용품을 파는 곳도 종종 눈에 띄는 것을 보면 묘한 감정이 든다. 그들에게 아시아는 친해지고 싶기도 하지만 여전히 아시아인들보다는 우위에 서고 싶은 심정이 교차하고 있음을 어렴풋이 짐작하게 한다.

런던 대형 서점의 책 표지까지 등장한 한글을 보니 반갑다.

역사, 세월의 흔적

우리는 새것이 좋다. 새 옷, 새 신발, 새집, 새 차… 이렇듯 새것이 좋고 새것은 언제나 좋다는 고정관념이 유럽을 둘러보며 생각이 바뀌었다. 언제나 새로운 것을 추구하던 것들을 돌아보고 오래되고 낡은 것들을 다시 바라보는 습관이 생겼다. 더 나아가 늙어가는 것과 시들어가는 것 그리고 승부에서 지는 것 같이 그동안 부정적으로만 생각되던 것들도 충분히 나름의 의미가 될 수 있음을 또한 깨닫게 되었다. 유럽인들은 기본적으로 오래된 건물이나 오래된 유적들 속에서 살아가며 오래된 가구를 비롯한 빈티지한 물건들도 좋아한다. 또한 우리 눈으로도 조금 부담스러운 헌 옷이나 옛 그릇들도 부담 없이 사용하기도 하고 거래하기도 한다. 이렇듯 곳곳에서 수많은 세월의 흔적들을 느끼며 살아간다. 유럽 건축의 주요 재료가 돌이어서 오래 사용하는 습관이 생겼을까 하는 재미있는 생각도 해보았다. 오래된 것들도 부담 없이 간직하고 사용하는 모습들을 보면서 낡고 오래된 많은 것들을 다시 생각할 수 있었다.

한번은 런던에서 케임브리지(Cambridge)라는 도시로 가는 열차에서 만난 할아버지의 복장을 보고 정말로 놀란 적이 있었다. 늦은 봄이나 초여름이라 조금 더운 날씨에 사람들도 많았고 앉을 자리가 없어 서서 가는데 런던과 케임브리지 중간의 작은 도시에서 하얀 반 팔 와이셔츠를 입은 한 할아버지께서 열차에 오르셨다. 백발이지만 말쑥하고 연세가 있지만 피부가 깨끗한 데다 품위가 있어 보여서 매우 인상적이었다. 이분은 꽤 많은 승객 사이에서 자리를 찾는 듯 앞 칸으로 이동하는데 그 뒷모습을 보고 깜짝 놀랐다. 말쑥하고 깨끗한 앞모습과 달리 등에 축구공 크기만큼 구멍이 나 있었다. 와이셔츠가 닳고 닳아져 하얀 속옷이 그대로 보였다. 도무지 상상하기 힘든 앞모습과 뒷모습, 그리고 아무렇지도 않은 다른 승객들의 모습에 지금까지도 무엇엔가 홀린 듯하다. 등판이 거의 절반 가까이 구멍이 뚫린 옷을 입고도 너무도 태연히 사람들 사이를 지나갔지만 묘하게도 궁색하거나 추해 보이지 않았다. 마치 해리포터의 마법에 홀린 듯했던 그때의 그 장면 이후부터 영국과 오래된 것들을 다시 보게 되었다.

베르사유 궁전 계단에서 느끼는 사람들의 흔적들... 1649년에 지어졌다.

사과나무

독일 시골 마을의 사과나무마다 탐스럽게 사과가 매달려 있다.

유럽인들에게 사과는 매우 친숙한 과일이다. 유럽의 남부 지역에는 올리브와 포도나무가 많이 보이지만 독일이나 영국 같은 북쪽으로 가면 사과나무가 더 자주 보였다. 유럽의 시골집마다 사과나무 한두 그루 이상이 있고 어떤 동네는 가로수마저 사과나무라서 가을이 되면 사과가 주렁주렁 매달려 있었다. 빨간 사과들은 주변 환경과 대비되어 더욱 예쁘고 탐스러웠다. 수확한 사과는 저장도 해두지만, 애플파이 같은 다양한 요리로 만들어 먹고 또한 흔하다 보니 가격도 꽤 착한 편이었다. 도시를 조금 벗어나, 시골 동네로 가다 보면 어김없이 만나는 나무가 사과나무였다. 지천으로 열리고 바닥에도 많이 떨어져 있는데 왜 그런지 그대로 버려둔다. 아까운 마음에 당장이라도 몇 개 따먹고 싶었지만, 이방인이라 주변에 가지도 못하고 바라봐야만 했다. 나중에 들으니 따서 가져가는 건 안 되지만 그 자리에서 따 먹는 건 큰 문제가 아니라고 했다. 그 말을 듣고도 여러 차례 기회가 있었으나 사과나무 주인이 금방이라도 소리칠 것 같아 끝내 용기 내어 따지는 못했다.

오래된 시골 동네를 지나가면 사과나무들이 흔하게 보인다. 수명을 다한 듯 늙어 보이는 나무와 풍성하게 사과가 매달린 나무들 옆에는 심은 지 얼마 안 되는 어린 사과나무들도 있었다. 이전에도 사과를 함께 했고 앞으로도 사과는 여전히 그들과 함께하는 과일이라는 생각이 든다. 마치 어린 자녀들을 위한 아버지의 끈끈한 가족 사랑도 함께 느껴진다. 그 옛날에 집에 언제나 있던 사과나무는 어린아이들에게는 맛있는 기쁨을 준 나무이리라. 그 사랑하는 자녀들의 기뻐하는 모습을 꿈꾸며 그들의 아버지와 할아버지는 사과나무를 심었을 것이다. 스피노자의 유명한 격언이 생각이 난다. "내일 지구의 종말이 온다고 해도 나는 한 그루의 사과나무를 심겠다." 아무리 어려워도 희망적인 미래를 꿈꾸는 말이지만 사랑하는 어린 자녀와 가족들의 애틋한 의미가 연상되어서인지 다가오는 깊이가 더 특별했다. 이렇듯 자주 사과나무를 만난 덕에 뉴턴의 만유인력에 왜 떨어지는 사과가 등장했는지도 조금 이해된다. 뉴턴이 다니던 길목의 사과나무와 빨갛게 익어 떨어지는 사과나무 모습이 그려진다.

식당 종업원(Waiter & Waitress)

여행하면서 의외로 고민되는 게 식당에서 식사를 주문할 때다. 일반적으로 유럽의 레스토랑에서는 종업원이 자리로 안내하며 메뉴판을 주고 가거나 먼저 음료 주문을 받기도 한다. 그들의 표정이나 응대에 따라 손님의 기분은 좋아지기도 하고 그 반대일 수도 있다. 보통 레스토랑에서는 음식값의 10~15% 정도의 팁을 별도로 주는데, 유럽은 팁을 따로 주지 않아도 큰 불편이나 문제는 없었다. 어떤 식당 종업원은 팁을 주어도 받지 않기도 한다. 하지만 유럽에서는 관습적으로 손님이 별도로 주문하는 음료가 종업원의 수익이 되는 곳이 많아서 즐거운 식사를 원한다면 음료만큼은 반드시 주문하라고 조언하기도 한다. 일반 물이나 탄산수 그리고 맥주나 와인 정도를 미리 주문하는 것이니 약간의 수고와 비용을 더할 뿐이다. 유럽에서 팁은 종업원의 수고에 손님이 표하는 감사의 의미가 크다. 어떤 경우는 계산서에 아예 팁이 부가되어 청구되는 곳도 있었다. 보통은 중국인들이 경영하는 식당이나 한식당이었던 것 같다.

유럽의 식당에서 일하는 종업원들은 달랐다. 그들이 손님을 접대하는 태도는 매우 당당한 편이었다. 기존에 흔히 말하는 갑과 을의 관계가 아니라 대등한 관계로 손님을 응대했다. 당연히 손님에게는 친절하되 굽실대지 않으며 특히 소위 진상인 손님은 심한 경우 거의 강제로 문밖으로 쫓아내 버린다. 이들은 자기가 맡은 영역에서는 나름의 권위가 있었다. 한번은 케임브리지 시내에 있는 꽤 큰 식당에서 피자를 주문했는데 윗부분이 조금 많이 탄 피자가 나왔다. 손님이 꽉 찬 식당이라 시간도 꽤 걸려서 그냥 먹으려고 하는데 "바꿔줄까요?"라고 물었다. 나는 보통 이런 경우라도 그냥 걷어내고 먹는 편이었지만 여자 종업원이 아무렇지 않은 쿨(cool)하게 묻는 바람에 그만 고맙다고 말하고는 이내 후회했다. 나중에 보니 피자 반죽이 부풀어 올라온 부분이 탄 거라 실제로는 큰 문제가 아니었고 주변에도 그렇게 탄 피자를 먹는 사람들이 많이 보였다. 종업원 마음대로 반품시키는 것 자체가 내 생각에는 쉽지 않을 것 같은데 이들은 그냥 바꾸어 주었다. 이는 이들이 자기 영역에서 권한이 확실하기 때문이 아닐까. 각자의 영역에서 서로의 권위를 인정하며 존중한다. 특히 리더의 권위는 우리가 생각하는 것보다 훨씬 강한 편이다.

유럽의 종업원들은 손님들과 동등한 관계에 가까워 나름의 권위가 있다.

밀(Wheat)

유럽에서 먹는 빵은 신선한 밀을 사용하기 때문인지 맛도 좋고 소화도 잘됐다.

유럽인의 주식(主食)은 역시 빵(bread)이다. 동네 어귀마다 빵집이 있고 아침에는 '저 많은 빵이 언제 다 팔릴까?' 걱정할 정도로 산더미 같은 빵들이 어느 순간 다 팔리고 없을 정도였다. 유럽은 보통 가게마다 업종이 다르고 경쟁 업체들이 우후죽순 생기는 경우도 거의 없다. 빵 가게들도 대체로 자기 단골이 있어서 아마 빵도 팔리는 양만큼 그날그날 만들고 제날 다 파는 것 같았다. 빵집뿐만 아니라 생선이나 과일 같은 신선 식재료를 파는 많은 가게도 마찬가지다. 오랫동안 한자리에서 단골손님에게 빵을 파는 가게와 주인장들에게서 세월의 연륜이 느껴진다.

유럽을 떠나니 그리운 음식 중 하나가 바로 맛있는 빵이다. 빵을 포함한 영국 음식은 전반적으로 평범한 느낌이었고 프랑스는 크루아상(croissant)의 원조답게 고소하고 보기에도 좋은 빵들이 많다. 독일과 북유럽은 먹으면 건강해질 듯한 호밀(胡-, rye)빵과 잡곡빵이 많고 동유럽의 휴게소에서 파는 빵들은 마치 빵 공장에서 대량으로 만들어 질보다는 양으로 마케팅하는 느낌이다. 나라마다 그리고 지역마다 조금씩 다르지만 모든 빵 맛이 아주 훌륭하다. 쌀이 주식인 우리에게 빵은 밥보다는 건강하지 못한 음식이라는 고정관념이 강한데 유럽에서 내가 먹은 빵은 모두 맛도 좋고 소화도 잘된다. 아마 여러 가지 이유가 있겠지만 더 신선한 밀가루를 사용하기 때문인 것 같다. 빵에 들어가는 물과 효모도 중요하지만, 주재료인 밀을 바로바로 도정하여 신선한 밀가루로 만든 로컬 푸드(Local Food)였기 때문일 것이다.

유럽에서 밀은 여름이 한창인 8월에 수확한다. 추수하는 모습을 보니 어린 시절이 생각나 너무 반가운 나머지 가까이 다가가 사진을 찍으며 구경하는데 저 멀리 트랙터에서 작업하던 농부가 반갑게 손을 흔들어 준다. 대형 트랙터가 깜짝 놀랄 정도로 빠르게 밀을 베고 탈곡한다. 이어서 밀짚을 단으로 묶는 기계와 묶은 밀 짚단을 수거하는 기계가 동시에 움직였다. 당연히 낫을 들고 손으로 베지도 않고 밀레의 그림 같이 이삭을 줍거나 기도하는 농부도 볼 수 없었지만, 추수하는 들판을 보니 묘한 향수가 느껴졌다. 밀을 추수하는 동안 바람을 타고 날아오는 익숙한 그 향기는 내 고향 밭에서 보리나 밀을 추수할 때와 똑같았다. 머나먼 타국에서 시간과 공간들이 교차하는 많은 그리운 감정들이 스쳐 간다. 어릴 적 보리 단에서 함께 뛰어놀던 친구들 그리고 그리운 가족들과 함께했던 어릴 적 추억들이 함께 생각이 난다.

우리에게 밀은 생소하지만 생김새가 보리와 비슷하다.

건강식품(Healthy Food)

우리나라도 그렇지만 유럽 사람들도 건강에 관심이 많은데 특히 이들은 인체 스스로 면역력을 길러 치유되도록 기다리는 것을 더 중요시한다. 그래서 가벼운 감기 정도는 항생제를 거의 쓰지 않고 며칠 앓더라도 자연스럽게 회복될 때까지 기다린다. 물론 감기에 한 번 걸리면 회복까지 비교적 오래 걸린다. 그러니 운동과 더불어 면역력을 높이는 식품들이 다양하다. 당시 유럽인들의 주목을 많이 받는 식품이 우리에게도 아주 익숙한 생강이었다. 유럽 생강(生薑 Ginger)은 우리나라의 울퉁불퉁한 생강과 다르게 길쭉하고 하얀 고구마처럼 전혀 다르게 생겼다. 일종의 개량종으로 보이고 우리나라에서 많이 보는 생강보다 굵고 더 밋밋하여 손질도 쉽지만, 특유의 아린 맛도 강하지 않다. 건강식품에 관심이 높아지면서 유럽인들에게 특히 인기가 많아졌다고 한다. 때로는 과일 주스 상점에도 떡하니 자리하여 생즙을 짜서 파는 경우도 많다. 그리고 건강 식품점에서 허브와 더불어 생강을 활용한 다양한 상품들이 전시되고 팔린다. 홈스테이 주인분 말에 따르면 감기 예방과 치료에 생강이 많이 쓰인다고 한다. 생강과 함께 요즘은 우리나라 홍삼에도 관심이 아주 많다고 한다. 우리나라를 포함한 동양 문화에 전체적으로 관심이 커진 영향인 것 같다.

또한 유럽은 전 세계의 다양한 나라 사람들이 모여드는 곳임을 입증하듯 아주 독특하고 각양각색의 음식들이 많다. 다른 대륙에서 관광객으로 유럽에 가면 스테이크나 파스타 같은 원조 음식을 현지 맛집에서 즐기는 게 당연하지만, 유럽 현지인들은 일상적으로 먹는 건강식품과 건강한 재료로 만든 요리에 관심이 지극히 높아 보였다. 예를 들면 대표적으로 다양한 향신료가 들어간 카레, 그리스 요리, 케밥을 비롯한 터키 요리, 스시와 그 외 일식도 많이 찾고 의외로 한식도 종종 눈에 띄어 반가워서 들어가 보면 가는 곳마다 손님들 대부분이 현지인들이었다. 나물이 특색인 채식 위주의 한식이 그들 눈에는 건강한 먹을거리이고 한류(K-Culture)의 영향으로 한국 문화를 많이 접하게 되면서 점차 더 많이 찾는다고 한다.

과일 주스 상점에서는 하얗게 씻은 생강을 쌓아 놓고 즙을 내어 판다.

그라피티(Graffiti)

런던의 가림 벽에서 만난 귀엽고 세련된 그라피티(Graffiti)

유럽을 처음 방문했을 때 인상으로 기억되는 장면이 그라피티였다. 당시 파리의 공항에서 시내 호텔로 이동하는 택시 안에서 바라보는 파리의 모습은 아름답고 깨끗한 풍경 사이로 생소한 낙서들이 다소 충격적이었다. 오랜 시간 비행 후의 몽롱한 상태에서 공항 터미널을 비롯한 세련된 첨단의 건물들과 간혹 보이는 강렬한 그라피티는 일종의 주술적인 기분마저 들었다.

  교량의 기둥이나 축대 그리고 폐허나 한적한 건물과 같이 관리가 허술한 곳마다 수많은 그라피티로 온통 채워져 있었다. 마치 그림 같은 글씨에 일종의 메시지나 암호를 숨긴 듯한 그라피티는 우리의 눈에는 생소하고 신기하기만 했다. 강렬한 느낌의 낙서는 그 안에 담긴 의미는 알 수가 없었지만 누가 그렸는지는 바로 짐작할 수 있었다. 사춘기 반항적인 도시의 청소년들이나 살아가는 세상이 불만이거나 답답한 젊은이들의 반항적인 탈출구임은 분명해 보였다. 내가 본 그라피티는 온통 검은색으로 의미를 알 수 없는 글씨도 있었고 간혹 붉은색의 글씨나 그림만 있는 섬뜩하고 괴기한 낙서 같았다. 벌써 25년도 더 지난 일이다. 지금은 우리나라에서도 가끔 볼 정도로 세계적으로 많이 퍼져 있고 그 낙서는 일종의 예술로 자리를 잡았다고 한다.

  거리의 낙서가 예술로 격상한 배경에는 먼저 바스키아(Jean

프라하의 어느 지하차도의 그라피티 - 조금 거칠고 세련미는 부족하다.

Michel Basquiat)와 키스 해링(Keith Haring) 같은 천재적인 화가부터 저항적이고 재치 있는 벽화로 많은 이들에게 웃음과 감동을 주는 뱅크시(Banksy)의 공헌이 컸다고 한다. 자의이든 타의이든 거리의 낙서를 예술적인 경지로 이끈 더욱 결정적인 배경은 어쩌면 골치 아픈 낙서이지만 무조건 부정하거나 외면하지 않고 이유와 의미를 찾으려는 사람들의 마음이 아닐까. 그라피티에서 파생되는 깊은 울림을 발견한 그들의 안목과 생각에 더 큰 뜻이 있어 보인다. 작가들은 많은 생각의 흔적을 그림에 남겨 보내고 보는 이들은 이러한 작가의 숨어있는 깊은 뜻을 찾으려 노력한다. 그라피티를 그저 반항아들의 치기 어린 장난으로 생각하지 않고 그들의 아픔과 애환을 공감하며 기독교적 긍휼을 실천한 셈이다. 이러한 폭넓은 공감대가 낙서를 예술로 전격 전환하게끔 도운 것은 아닐까 한다.

이탈리아의 작은 동네 벽화는 그들의 유머와 재치가 드러나 매우 유쾌하다.

유럽인들은 다양하고 깊은 생각을 좋아하는 것 같다. 깊은 생각은 눈에 보이는 것, 그 너머이기에 매우 다양하면서도 독특한 수많은 이야기를 만들어 낼 수 있다. 이에 대화와 토론으로 이해하고 공감하거나 서로 의견이 다르더라도 존중하며 공유한다. 그들의 깊은 생각 뒤로 보이는 배려하는 마음에 존경을 보낸다.

거리 곳곳마다 등장하는 재치있는 그림과 글씨 보는 재미가 쏠쏠하다.

PART 1-4

유럽에서 느끼다 - 인상적인 공간

『유럽을 미리 공부하고 여행을 시작하면 훨씬 의미 있고 재미도 더하다. 우리들 눈에는 비슷해 보이지만 어디나 그러하듯 유럽도 다양한 민족이 살다 보니 다른 점도 많고 때로는 갈등도 많다. 한때 유럽은 로마와 기독교가 폭넓게 확장되었고 특히 중세 시대에는 기독교를 중심으로 강력하게 하나가 되기도 했다. 그래서 조금씩 혹은 많이 다르기도 하고 비슷하기도 하다. 그러니 로마와 기독교 문화와 더불어 각각의 나라와 민족을 하나씩 공부하면 비교적 쉽게 이해할 거 같다. 유럽의 여러 나라를 여행하다 보면 나라마다 언어도 다르고 생김새나 성격도 다르다. 때로는 하늘의 구름과 불어오는 바람의 느낌도 다르다. 그들이 부럽기도 하고 삶의 애환을 공감하기도 하며 때로는 내 가족과 우리나라 사랑도 느낀다. 그리고 우리와 같이 강대국 사이에서 힘겹게 살아가는 동병상련의 마음이 느껴지기도 한다.』

유럽의 휴게소

유럽의 고속도로에 있는 전통적인 휴게소는 작고 생각보다 아담하다. 우리나라 고속도로변에 있는 졸음 쉼터 같은 모양새다. 큰 휴게소는 보통 IC를 나오면 바로 주변에 있고 요즘 생긴 휴게소는 우리나라 휴게소처럼 고속도로변에 붙어있는데 크고 시설도 다양해서 휴식은 물론 식사나 간단한 쇼핑도 가능하다. 유럽에서 화장실을 사용하려면 보통 1유로 미만의 요금을 내야 한다. 적은 돈이지만 유료가 많고(청소하는 분들 팁에서 시작된 듯하다) 어떤 휴게소는 지정된 휴게소에서 사용할 수 있는 동일한 금액의 상품권으로 돌려주기도 한다. 야박해 보일지는 몰라도 공짜로 화장실만 이용하지는 말라는 의미이다.

운전하다 보면 자전거를 타거나 트레킹하는 사람들이 많이 보이는데 (독일은 고속도로 통행료가 없기 때문인지) 휴게소에 주차하고 걷거나 자전거를 타는 현지인들이 많다. 보통 고속도로 휴게소의 휴게 공간이 대부분 개방되어 있기 때문이다. 물론 차량 출입이 빈번한 휴게소는 조금 어렵지만 한적한 고속도로 휴게소는 꼭 차량 이용자가 아니라도 누구나 와서 여유롭게 쉬고 이용할 수 있다. 나도 렌터카로 여행을 다닐 때마다 대부분 초행길이라 늘 긴장할 수밖에 없었는데 고속도로에서 휴게소는 사막의 오아시스 같은 반가운 곳이었다.

이탈리아는 2층의 브리지 형태의 휴게소가 많고 특이하게도 휴게소 안으로 들어가려면 상점을 모두 통과하도록 절묘하게 배치한 곳이 많다. 예를 들어 식당으로 가려면 상품이 진열된 상가 전체를 돌고 돌아야 한다. 그 지역을 홍보하는 특별 기념품이나 이탈리아를 대표하는 각양각색의 파스타 같은 먹거리들을 구경하다 보면 견물생심에 부화뇌동하기 쉽다. 하지만 안심해도 된다. 일반 상점과 비교해도 비싸지 않고 심지어 오히려 싼 물건도 많다. 또 휴게소 상품들은 자국 내에서 비교적 인기 있는 상품들이니 믿고 구매해도 결단코 후회하지 않는다. 품질도 양호하고 가격 또한 착한 편이라 바가지 걱정은 안 해도 된다. 교묘한 상술에 불쾌하기보다는 다양한 볼거리에 오히려 눈이 즐거워지는 조금 특별한 경험이었다.

어느 곳이나 경치가 아름다운 스위스의 고속도로 휴게소

동유럽 지역을 운전하면서 매우 빠르게 발전하는 동유럽의 모습을 실감했다. 고속도로 주변에 공사가 한창 진행되는 곳도 많고, 고속도로 휴게소 역시 매우 크고 최신 시설이었다. 특히 독일을 비롯한 서유럽 국가들과 인접한 체코나 폴란드 주변을 시작으로 발전하는 모습이 눈에 자주 보인다. 휴게소 어디나 다녀보면 커피 맛은 대단히 훌륭했고 빵도 맛있다. 동유럽 지역의 휴게소에서는 각 나라를 대표하는 음식이나 빵도 휴게소에서 저렴하게 구입할 수 있다. 불과 얼마 전까지도 사회주의 국가였던 나라에서 아주 현대적인 건물이나 시설이 속속 들어서고 동시에 이들의 과거 흔적처럼 낙후된 건물이나 시설을 보기도 한다.

깔끔하게 포장된
동유럽 고속도로 작은 I/C에서 만난
통행권 발급기가 정답다.

알자스와 로렌, 그리고 아르누보

프랑스 '보스쥬듀노흐자연공원(Northern Vosges Regional Nature Park)'에서 느껴지는 평화로움

알자스(Alsace)와 로렌(Lorraine)은 독일과 국경을 맞대고 있는 프랑스 지역이다. 역사적으로 프랑스와 독일은 서로 여러 번 전쟁을 치렀고 그 결과 독일과 프랑스로 서로 국적이 바뀐 도시도

많다. 알자스의 대표적인 도시인 스트라스부르(Strasbourg)도 독일식 명칭을 사용한다. 우리나라에도 친숙한 알퐁스 도데의 소설 '마지막 수업'에 나오듯 프랑스에서 독일로 국적이 바뀐 후 일어난 슬픈 장면들을 떠올리면 그 분위기를 짐작할 수 있다. 프랑스 남쪽에는 높은 산맥도 있지만 알자스 지역은 비교적 완만하다. 우리나라처럼 프랑스에도 국립공원과 자연공원이 있고 예상과 달리 평탄한 산속에 울창한 활엽수 숲이 많다. 숲속의 길과 분위기가 그저 평화롭기만 하다. 알자스는 독일과 국경을 맞대고 있어 전쟁도 많았지만 서로 무역 거래하며 많은 부를 쌓은 곳이기도 하다. 역사적으로 종교개혁 시기에 많은 개신교도가 카톨릭의 박해를 피해 이 지역으로 이주했는데 이들 대부분이 지식인과 전문가 집단이라 이들의 영향도 컸다고 한다. 친환경 도시로 유명한 스트라스부르와 콜마르처럼 아름다운 많은 중소도시가 있고 자연경관도 아름다워 차로 운전하며 여행하기에 매우 좋은 곳이다.

Great Place Museum Cristal Saint-Louis 공장 내부

특히 이곳은 낭시(Nancy)를 비롯하여 아르누보(Art Nouveau) 유리 공예를 꽃피운 지역으로도 유명하다. 아르누보는 19세기 후반에 벨기에에서 시작하여 프랑스에서 꽃피운 건축과 회화 그리고 유리 공예 등 여러 분야의 새로운 예술사조다. 알자스와 로렌에서는 유리 공예가 활발하게 번성했고 지금까지도 그 명맥을 잇고 있다. 이탈리아 베네치아의 무라노섬과 함께 유럽의 아름답고 감성적인 유리 공예로 아주 유명하다. 그래서 이 지역에는 유리 박물관도 많고 유리 공예품을 직접 만드는 공장을 방문할 수 있으며 유리로 만든 다양한 예술품부터 생활용품까지 쇼핑도 가능하다. 우리나라 제주 유민미술관에도 많은 아르누보 작품이 있지만 실제 공장에서 생생한 유리 예술의 역사를 직접 볼 수 있으니 더욱 뜻깊었다.

프랑스와 제주(유민미술관)에서 만난 아르누보(Art Nouveau) 유리 공예

알자스(Alsace) 와인(Wine)

맥주가 독일을 상징한다면 와인은 프랑스가 가장 먼저 떠오른다. 성서에도 등장하는 와인을 교회에서는 성찬식 때 예수님의 보혈을 상징하는 음료로 귀히 여긴다. 보통 한두 잔 정도는 소화를 돕고 건강에도 좋다고 알려져 있다. 실제로 유럽의 외곽을 여행하며 다니다 보면 포도는 우리의 예상보다 훨씬 더 많은 지역에서 재배되고 있는 것을 알 수 있다. 그들의 주요 식재료인 밀밭보다 더 많이 보인다는 생각이 들어 조금 의아할 정도이다. 유럽에서 그 많은 포도를 재배하고 소비하는 것을 보면 그들에게 와인은

알자스(Alsace) 지역은 드라이한 화이트와인으로 유명하다.

매우 친숙하고 생활 속에서 즐기는 음료임에는 자명하다. 커피의 맛이 다양하듯 와인의 맛도 포도의 종류, 성장 환경인 토질, 햇빛, 기후는 물론 보관 용기(用器)인 오크통에 따라서도 달라진다. 거기에 포도의 수확 시기, 보관 온도, 숙성 시간, 양조장의 제조 기술까지 다양한 조건에 따라 맛이 다르다니 놀라울 뿐이었다. 심지어 와인의 종류에 따라 마시기에 적당한 온도가 다르다고 한다. 무척 까다로운 만큼이나 유럽인들에게 와인은 더 특별해 보인다.

포도는 남쪽 이탈리아부터 스페인, 동유럽에서 북유럽까지 아주 방대한 지역에서 재배된다. 이렇게 넓은 지역에서 재배가 가능한 것은 유럽의 기후가 비교적 일정하면서도 포도의 품종도 다양하기 때문이다. 더운 지역이라면 서늘한 고지대에서 재배하며 적

포도를 재배하는 포도 농장이다.

유럽에서는 포도 농장이 생각보다 많이 볼 수 있다.

절하게 생육조건을 맞추기도 한다. 이제 와인은 그들의 식탁에서 다채롭게 즐기며 빼놓을 수 없을 만큼 독보적인 음료가 되었다. 단맛, 신맛, 떫은맛과 쓴맛의 4가지 맛이 있는 와인은 더운 남쪽 지역에서 재배한 포도로 담그면 단맛이 비교적 강하고 위도가 올라갈수록 떫고 쓴맛이 더 강해진다고 한다. 유럽에서 프랑스는 포도를 재배하는 데 기후와 토질이 최상이라고 한다. 프랑스 보르도 지역이나 이탈리아의 토스카나 와인이 유명하지만 독일과 국경을 맞댄 알자스(Alsace)의 와인도 이 지역만의 기후에서 나오는 독특한 맛으로 와인 애호가들의 사랑을 받는다.

알자스 와인은 독일 남부 지역과 더불어 리슬링 품종의 드라이한(비교적 달지 않은) 화이트 와인이 이 지역의 대표 와인이다.

알자스 와인가도
(Alsace Wine Route)

　와인으로 유명한 프랑스의 동북부 지역에는 알자스 와인가도가 있다. 스트라스부르 근처의 마를렁하임(Marlenheim)에서 콜마르를 지나 탄(Thann)까지 약 170km에 이르는 와인 생산 마을과 도시들을 잇는 길이다. 와인가도 곳곳에 있는 마을이나 도시에 들러 고유 상표를 단 질 좋은 알자스 와인을 시음하거나 저렴하게 구입할 수 있고 시간이 짧다면 콜마르(Colmar) 주변만 다녀도 충분히 만족할 만하다. 와인가도 주변에는 유리 공예의 진수를 보여주는 유리 공장도 많고 너도밤나무가 우거진 아름다운 공원들도 있으니 함께 둘러봐도 좋다. 무엇보다 이곳은 운전이 편하고 즐겁다.

콜마르와 리크위르, 카이제르스부르그

　유럽은 전반적으로 우리의 생체리듬과도 잘 맞는 편이다. 기본적으로 혹독하지 않고 비교적 온화하고 공기가 깨끗하지만, 좋은 계절을 선택해서 날씨도 맑고 매우 쾌적하게 여행할 수 있었다. 그중에 알자스(Alsace) 지방은 우리 환경과 더욱 비슷해서인지 더욱 편안하고 쾌적했다. 독일과 인접하여 역사적으로 서로 이 땅을 차지하려고 전쟁을 벌였다는데 이제는 믿기지 않을 만큼 아주 평화롭다. 산이 완만하고 비교적 날씨도 좋아 마치 우리나라의 봄가을 분위기를 만끽하는 듯하다. 게다가 아름다운 알자스 주변의 숲과 강 그리고 산에서 나오는 먹을거리와 볼거리가 풍성하다.

콜마르(Colmar)의 쁘띠 베니스(La Petite Venise)

고딕 양식의 대성당으로 유명한 스트라스부르도 있지만 조금 더 남부에는 콜마르를 비롯하여 리크위르, 카이제르스부르그 같은 작지만 매우 아름다운 도시와 마을들도 있다. 이곳은 중세의 오래된 건물들이 지금도 그대로 보존되어 있어서 더 유명하다. 유럽이라면 석조 건물이 먼저 떠오르지만, 중세 시대 독일 스타일의 목골조(木骨造, timber framing) 건물들도 그대로 보존되어 있다. 콜마르는 '쁘띠 베니스(La Petite Venise)' 같은 매우 유명한 관광지로 우리나라에도 널리 알려져 있다. 애니메이션 영화 '하울의 움직이는 성'의 모티브가 된 곳도 콜마르에 있다. 또한 콜마르 대성당도 유명하다. 대성당 옆에서 규모는 크지 않지만, 작은 시장이 열리는데 보통 직접 만든 비누나 먹을거리 등 다양한 수공예품도 판다.

콜마르만큼 유명하지는 않아도 비교적 한적하면서도 중세를 그대로 그대로 느낄 수 있는 마을이 콜마르에서 멀지 않은 리크위

목골 주택으로 지어진 중세 시대의 눈에 띄는 아름다운 색의 건물이 즐비하다.

르와 카이제르스부르그이다. 평화롭고 여유롭게 여행하고 싶은 분들이라면 충분히 시간을 내어 천천히 둘러보아도 절대로 후회하지 않을 만한 매력이 가득한 곳이다. 그런데 두 마을 모두 중세시대의 작고 예쁜 건물들이 많아서 조금 겹칠 수도 있고 지루할지도 모른다. 그렇다면 리크위르 주변의 포도밭까지 둘러보는 관광용 미니 열차를 타거나 카이제르스부르그에 있는 알베르트 슈바이처(Albert Schweitzer) 박사의 생가와 박물관을 둘러본다면 실망하지 않을 것 같다.

  이 두 도시는 프랑스에서 아름다운 마을, 가고 싶은 마을로 선정된 곳으로 유럽인들에게도 와보고 싶은 곳으로 다양한 나라에서 찾고 있다.

붉은 사암 광산이 가까이 있어 붉은 석조 건물들도 많이 보인다.

알베르트 슈바이쳐(Albert Schweitzer) 박사를 기념하는 박물관

　세계 1, 2차 대전의 폭격에도 보존되어 중세의 모습을 그대로 간직한 마을도 인상적이지만 그 주변을 둘러싼 평화로운 포도밭과 상쾌하고 온화한 바람에 두 마을을 오고 가는 그 자체가 힐링이다.

작은 관광열차는 주변에 펼쳐진 알사스의 포도밭까지 둘러볼 수 있다.

롱샹 성당(Ron champ)

롱샹 성당으로 가는 길에 만난 안내판

프랑스 알자스(Alsace) 지방은 아름답고 평화로운 곳이다. 국경을 맞대고 있는 독일과도 비슷한 분위기인 이곳은 활엽수들이 울창한 완만한 산과 완만하고 풍요로운 들이 이어진다. 숲의 나무를 아주 가까이서 볼 수 있고 다가오는 풍광과 분위기가 유별나게 자연 친화적이다. 평화로운 풍광을 따라 스트라스부르(Strasbourg)와 그리고 콜마르(Colmar)를 지나 프랑스 남부 내륙으로 더 내려가다 보면 르 코르뷔지에(Le Corbusier) 라는 프랑스 건축가가 설계한 건축물로 유명한 롱샹 성당(Notre-Dame du Haut, Ronchamp)을 만날 수가 있다. 건축을 잘 모르는 우리가 봐도 단순하고 소박하면서 혁신적인 디자인의 아름다운 건축물임을 금방 느낄 수 있다. 롱샹 성당은 제2차 세계 대전 때 무너져서 재건축하였기에 기존의 전통적 성당 스타일과는 확실히 다른 간결하고 현대적인 디자인이다. 보는 사람에 따라 '노아의 방주' '기도하는 손' 등 다양한 모습이 연상된다고 하는데 무척 단순하게 보이지만 전혀 단순하지 않고 전체와 부분에서 의미와 특성을 담고 있다. 2016년 유네스코 세계유산으로 등재되어 건축에 입문하는 학생들과 일반 방문객들이 많이 찾는 곳이다. 르 코르뷔지에는 '집은 살기 위한 기계'라고 선언하는 등 철저하게 기능주의와 합리주의를 신봉했으나 인생 후반에 그간의 주장과 근대 건축 이념인 합리주의로부터 일탈해 만들어진 건축물이라고 한다.

많은 이들이 이 성당의 의미를 다양하게 평하며 칭송한다. 사물을 바라보는 독특한 접근과 이어지는 생각으로 특히 빛에 대한 새로운 해석이 아닐까 생각된다. 그는 건물 내부에서 빛에 의해 변하는 하나하나를 대형 스크린에 투과하듯 바라보는 시간과 위치에 따라 전혀 다른 느낌이 나도록 설계했다는 점이다. 그가 설계한 창은 크기와 모양도 다르고 창틀 벽체 면의 각도가 각각 다르다. 태양 빛을 오전부터 오후까지 실내로 빛이 들어올 수 있게 하고 이 빛이 들어오는 각도에 따라 실내의 바닥이나 벽에 꽂히는 느낌도 다르게 표현하고자 한 것이다. 햇살이 작은 먼지에 의해 부서지는 빛은 마치 어릴 적 이른 아침 헛간이나 방안에서 문틈으로 비치는 햇빛에 그려지는 신비로움이 생각난다. 유리의 컬러도 다르다.

이렇게 설계된 그의 건물은 다른 건물에서 느끼지 못하는 완전히 다른 의미의 건축물이 된다. 그의 건물은 날씨나 시간에 따라 보는 이들의 느낌이 확연히 달라진다고 한다. 지극히 주관적인 의미를 부여하도록 했다는 점이다. 3차원의 평범한 공간을 4차원의 특별한 공간으로 우리를 인도해 준다. 그날, 그 시간 그 사람의 심정과 상상력에 따라 무한대에 가까울 만큼 매우 다양한 분위기와 다른 경건함을 가진 건축물이 된다. 비슷한 체험을 자연적으로 선사하는 곳이 인도네시아 '좀블랑(Goa Jomblang)'이라는 수직동굴이다. 이 동굴은 90m 높이 위에서 어두운 동굴 속으로 부서지듯 내려오는 빛은 마치 천국에서 내려오는 신성한 빛을 느끼게 하여 '천국의 빛'이라는 별명을 가지고 있다고 한다. 태양이 떠오르는 오전 몇 시간만 이러한 분위기를 맛볼 수 있다고 한다. 롱샹성당에서는 해가 질 때까지 계속하여 다른 분위기가 그려진다고 하니 거장이라는 호칭이 틀리지 않음을 느낄 수 있다.

내부에 비치는 다양한 빛을 통해 나만의 감동을 선사하게 한다.

르 꼬르뷔제는 "나는 이 성당을 건축하면서 침묵의, 기도자의, 평화의 그리고 영적 기쁨의 장소를 창조해 내기를 원했다."라고 했다고 한다. 이러한 목적에 걸맞도록 섬세하고 다양한 시도를 통해 방문하는 순례자나 예배자들에게 영적 기쁨을 느끼는 장소가 되기를 원한 것 같다. 야외 예배당과 처마 끝 분수 그리고 창을 통해 들어오는 빛 등 하나하나 섬세한 배려에 감탄이 나온다. 그리고 전체적으로 흐르는 절묘한 조화로움은 두말이 필요치 않다. 유럽의 분위기는 대체로 간결하면서 목적에 충실한 느낌이다. 아름답지만 과하지 않고 단순하지만 전혀 부족하지 않다. 조화로움, 함께함을 언제나 느끼게 하고 감탄하게 하며 끊임없이 나를 돌아보게 하는 그들의 삶의 철학에 존경심을 느낀다.

롱샹 성당은 다양한 느낌과 경건함을 주지만 그냥 보아도 소박하고 아름답다.

빈사의 사자상(Lion Monument)

채석장 벽면에 새겨진 빈사의 사자상

 스위스 루체른(Lucerne)은 카펠교(Kapellbrücke, Chapel Bridge)로 아주 유명하다. 다리에 지붕이 있어서 독특하다 보니 이곳을 방문하는 많은 이방인에게 특별한 볼거리이다. 루체른에 가면 카펠교만큼 인상적인 조형물이 있는데 바로 '빈사의 사자상'이다. 프랑스혁명의 중요한 분기점이 된 1792년 8월 10일에 프랑스 국왕의 거처인 튈르리궁(Palais des Tuileries, Tuileries Palace)을 지키다가 단 한 명도 남김없이 전사한 스위스 근위대 786명을 기리는 조각이다. 사자는 죽어간 스위스 용병들을 상징한다. 부러진 창에 찔려 고통스럽게 죽어 가는 모습과 절체절명의 순간에도 무언가를 지키려는 모습이 많은 생각을 하게 한다. 그들의 최후 결단은 위대했다. 당시 상황으로 보면 전원 몰살이라는 비극을 충분히 피할 수 있었을 텐데, 명예와 신의를 좇아 목숨을 버렸으니 어쩌면 어리석지만 쉽지 않은 결정이었으리라. 프랑스 혁명 당시 분노한 수만의 파리 군중들이 튈르리궁으로 진격하던 때, 국왕을 지키던 프랑스군 근위대마저 도망친 상황이었기에 루이 16세는 모든 것이 끝났음을 직감했을 것이다. 스위스 용병들은 고용주인 프랑스 국왕 루이 16세가 철수해도 좋다고 허락했는데도 의리를 저버리지 않고 끝까지 싸우다 전원 전사했다.

'빈사의 사자상'은 1821년 덴마크의 조각가 베르텔 토르발센(Bertel Thorvaldsen)이 기획하고 루카스 아혼(1789~1856)이 1824년에 완성한 작품이다. 「톰소여의 모험」으로 유명한 미국 소설가 마크 트웨인(Mark Twain)은 이 조각상을 '세계에서 가장 감동적인 작품'이라고 극찬했다고 한다.

'사자는 자신의 갈기를 깎아지른 절벽 아래 은신처에 드리웠다. 그는 절벽의 살아있는 돌에서 깎아낸 사자이기 때문이다. 사자의 크기는 웅장했고, 그 자세는 고귀했다. 그 어깨에는 부러진 창이 꽂혀 있는 채, 사자는 고개를 숙이고서 그 앞발로 프랑스의 백합을 지키고 있었다. 절벽에 드리운 덩굴은 바람을 따라 흔들리고, 절벽 위에서 맑은 샘물이 흐르다 저 아래 연못으로 떨어져 내렸다. 수련이 핀 연못의 부드러운 표면 위로 사자의 모습이 비쳤다. 그 주변에는 녹음이 우거졌다. 이곳은 소음과 복잡함과 혼란에서 떨어져 차분한 숲의 구석에서 보호받고 있다. 이 사자가 죽어갈 곳으로는 예쁘장한 철제 난간을 쳐 둔 소란스러운 광장의 화강암 받침대가 아니라 이곳이 걸맞았다. 루체른의 사자는 어디에 있던 인상적일 것이다. 하지만 이곳만큼 그의 모습이 인상적일 곳도 없으리라.' -「유럽 방랑기(A Tramp Abroad, 마크 트웨인 1880)」중에서.

　스위스 용병들의 용맹은 매우 유명하다. 그들 용맹함의 명성과 위대함은 고용주를 위해 과감히 목숨까지 내놓을 정도로 충성한다는 데 있다. 전쟁에서 과감하게 목숨까지 버리고 싸우는 병사들만큼 용감한 자는 없을 것이다. 당시 스위스의 척박한 알프스 산악지대에서 (지금은 다른 일거리가 많지만) 사람들이 특별히 할 수 있는 것이 없었기에 그들이 선택한 직업이 용병이었다. 전장에 대신 나가서라도 돈을 벌어 가족을 부양할 수만 있다면 그들은 목숨도 내놓을 일이었으리라. 죽고 사는 생존 투쟁의 방편으로 다른 나라의 용병이 되었으나 말 그대로 돈을 받고 싸우는 것이기

독특한 아름다움을 가진 스위스 루체른 카펠교, 가까이에 '빈사의 사자상'이 있다.

에 목숨까지 버려야 하는지는 의문스럽지만, 가족을 위해 또한 용병으로서 명예와 신의를 지키기 위해 목숨까지 버렸다. 스위스 용병의 신의에 관련된 더 많은 일화가 있는 걸 보면 그들의 용맹함이 소설적인 전설이나 미화된 영웅담만은 아닐 터이다. 의리와 신뢰를 목숨 걸고 지킨 용병들의 이야기는 생존을 위해 온 힘을 다해 경쟁해야만 살아남는 이 시대를 살아가는 많은 현대인에게도 그야말로 전설 같은 이야기는 아닌지 생각해 본다.

오늘날 그들이 세계적인 금융 강국이 되고 작지만 가장 부유한 나라의 하나가 된 것도 이러한 신뢰를 바탕으로 하는 비즈니스 정신이 작용했을 것이다. 요즘 같은 자본주의 세상에서는 온 힘을 다하되 부서지지 않을 만큼 무리(over pace)를 해야 겨우 살아남는 영역이 많다. 절박함이 없다면 버티기 힘든 구조다. 세계적인 기업에서 이제 인도인들이 두각을 나타내는 추세라 한다. 기존 선진국들은 '헝그리정신'이 사라지고 인도는 영국의 식민 지배의 영향 아래 반강제적으로 서방의 문화를 물려받은 셈이다. 그 틈바구니에서 헝그리정신으로 무장되었으니, 그들의 능력과 절박함이 무에서 유를 빚어낸 게 아닌지 조금 엉뚱하게 추측해 본다.

여전히 위엄을 잃지 않은 사자의 모습이지만 어쩔 수 없이 받아들이는 운명의 순간이 느껴진다.

프랑스(France)와 스위스(Swiss)

대략 20년 전 처음 방문한 프랑스는 유럽 중의 유럽이었다. 도시와 거리는 풍요로움과 관광객들로 넘쳐나고 도시의 건물이나 시설은 다른 나라를 압도하는 가장 돋보이는 나라였다. 공항에서 파리의 시내로 들어가는 택시에서 스쳐 가는 건물과 풍경은 지금도 대단한 충격적 첨단도시의 느낌으로 기억된다.

그와 더불어 기억되는 감정은 프랑스인들의 오만함이었다. 당시 프랑스를 방문했을 때 번화가에서 물건을 사려고 상점에서 다소 짧은 줄에 서서 기다리고 있었다. 내 순서가 거의 다 왔는데 바로 앞 손님의 주문이 기다려도 끝날 기미가 보이지 않는다. 일행이 나를 기다리고 있기에 다급하기만 한데, 젊은 비즈니스 스타일을 한 남자 손님은 아무런 표정 변화 없이 뒤에 있는 사람들은 상관하지 않고 느긋하기만 했다. 순식간에 기다리는 줄이 길어졌다. 주인은 인내심 있게 표정을 관리하며 설명했지만, 잔뜩 짜증이 난 얼굴이었다. 그때 잠깐 그 남자 손님과 대화가 멈추고 정적이 흘러 뒤에 있던 나는 순간 끝난 줄로 착각하고 내가 고른 물건을 보이며 얼마냐고 물었다. 이때 갑자기 주인이 불같이 화를 내며 기다리라는 제스처를 하는 것이다. 앞 손님하고 이야기하는데 왜 끼어드느냐는 의미였던 것 같다. 앞 손님에게 내고 싶은 짜증을 나에게 퍼붓는 게 아닌가. 나에게 손 한번 들어 "잠깐만요!"

정도 제스처면 충분한데 불같이 화를 내는 모습에 나는 너무 당황스러웠다. 물론 중간에 끼어드는 것은 그들 매너에서 큰 실례라고 한다. 아마 나도 오래 기다리느라 집중력이 떨어졌던 것 같다. 우리말로 투덜대기는 했지만 제대로 항의 한번 못하고 돌아섰던 젊은 시절의 내 모습은 지금 생각해도 왠지 짠하고 마음이 아프다. 나중에 들으니 당시 동행했던 사람들도 나처럼 프랑스에서 많은 불친절을 경험했다고 말했다. 친절하게 미소를 보여주던 북유럽이나 독일과 네덜란드 사람들과 비교하면서 그때 그 일은 나에게 많은 생각을 하게 했다. 그들의 오만함과 불친절은 처음 방문한 나에게 프랑스는 이러한 교만으로 어려움을 겪게 될 것 같다는 생각까지 들게 했다.

그런데 아이러니하게도 20년의 세월이 흘러 다시 방문했던 프랑스에서 잊을 수 없는 친절함을 경험했다. 파리에서 리옹으로 가는 길 중간에 샬롱슈흐싸온느(Chalon-sur Saône)라는 작은 도시를 둘러보고 가려는 길이었다. 이곳에서 세계 최초로 사진을 발명한 니엡스(Nicéphore Niépce)라는 분이 태어났고 그의 이름을 딴 박물관이 있기 때문이었다. 문제는 고속도로 요금소에서 나와 요금을 정산하려고 고속도로 통행권을 찾는데 아무리 뒤져도 보이지 않았다. 보통 자동차 앞쪽에 잘 보이는 곳에 놓는데 얇은 통행권이 자동차 틈으로 빠져버린 모양이었다. 결국 갓길에 차를 대고 사무실까지 이동해야 하는 순간 20년 전에 겪었던 악몽 같은 일이 번뜩 떠올랐다. 잔뜩 긴장하며 사무실로 갔는데 중년 여성 직원이 매우 밝은 미소로 먼저 걱정하지 말라고 안심시키는 것이었다. 그리고 어디에서 진입했는지 묻고는 CCTV로 확인하고 요금을 냈다. 그곳을 떠나는 순간까지 밝은 미소로 친절하게 응대하는 모습을 접하니 반전도 이런 반전이 없었다. 20년 동안 내 가슴에 남아 있던 프랑스에 대한 원망이 한순간에 사라지고 지금은 그 직원의 밝은 미소만 생각난다.

니엡스(Niepce) 박물관은 사진의 역사를 볼 수 있다.

20년 전에는 대도시 파리의 혼잡한 상가에서 생긴 일이었고 최근에는 작은 도시였기에 친절했는지도 모르지만 돌아보면 프랑스가 전체적으로 친절해진 느낌이다. 어쩌면 프랑스도 옛날 같지 않고 특히 역사적으로 경쟁자인 독일에 많이 밀리는 모양새이기에 그들도 예전 같지 않을 터다. 슬프게도 이전에 독일은 프랑스보다는 친절했었는데 지금은 반대가 되어 씁쓸하다. "교만은 패망의 선봉이라."라는 말씀이 떠올랐다.

이번에는 스위스가 이전의 프랑스 같은 심정을 느끼게 했다. 어디를 가도 무표정하고 유독 동양인에게 거리를 두는 듯한 모습이 묻어있었다. 이제 스위스는 오만함의 끝을 달린다. 이탈리아에서 스위스로 넘어오는 국경의 젊은 스위스 공무원의 불친절함을 경험하며 스위스 여행을 시작하였다. 물론 친절한 분도 많았지만, 나만의 느낌인지 몰라도 이방인들을 별로 반가워하지 않는 표정이었다. 스위스에서 웃는 사람들은 대개 나 같은 관광객들뿐이라는 생각이 들 정도였다. 나는 이전에 스위스를 아주 좋게 봤다. 지금도 작지만 강하고 국민성이 근면, 성실하여 주변에 강대국들이 즐비한데도 현명하게 역사를 이어오는 그들에게 배울 점이 많다고 생각한다. 눈부시게 아름다운 스위스 풍경을 보노라면 작은 친절로도 큰 감동받을 준비가 되어 있었는데 너무 아쉬웠다. 이번에 느끼고 본 그들의 무표정한 모습들은 알프스의 빙하가 연상되듯 쌀쌀하고 차가웠다.

스위스의 자연은 언제나 눈부시게 아름답다.

룩셈부르크(Luxemburg)

유럽에서 룩셈부르크(Luxemburg)는 작지만 부유한 나라로 알려져 있다. 베네룩스 3국 중 하나이며 독일과 프랑스 그리고 벨기에, 세 나라와 국경을 맞대고 있으며 유럽에 마지막으로 남은 대공국(Grand Duchy, 공작이 통치하는 나라)이다. 유럽 대륙의 중심부에 있는 내륙 국가로 면적은 제주도의 1.4배 정도이고 인구는 2022년 기준 64만 명으로 우리나라의 전주시와 비슷하다고 한다. 그리고 1인당 GDP가 세계 1위인 나라로도 유명하다. GDP가 세계 1위라니, 호기심에 차서 이 나라를 방문했는데 기대와 달리 호화스러움과는 거리가 먼 평범한 모양새였다. 한편 강대국의 틈바구니에서 끊임없이 노력하며 살아야 하는 숙명에 왠지 모르게 동병상련 같은 동지애마저 느껴졌다. 아마 우리나라랑 비슷해서 그랬는지도 모르겠다.

우선 이 나라는 독일과 프랑스라는 강대국 사이에 위치하여 과거부터 수많은 침략과 전쟁의 상흔이 여전히 보인다. 수도인 룩셈부르크 시의 구시가지 주위에 성채가 있는데 지금 봐도 수많은 전쟁의 역사가 고스란히 남아 있다. 한때는 프랑스에 때로는 독일과 스페인 등에 지배를 받는 등 오랜 세월 다른 나라의 압제 아래 있다가 19세기 후반에야 룩셈부르크라는 나라로 독립했다. 이때쯤 철광 광산을 발견하여 철광 산업이 상징적인 대표 산업이 되었다. 세계 1위의 철광회사인 아세로미탈(Acelor Mittal)의 본사가 룩셈부르크에 있다. 이 나라도 오일쇼크와 철광석의 고갈로 위기였지만 눈을 돌려 금융 산업을 육성함으로써 위기를 돌파하고 2008년 금융위기 이후에는 우주 산업을 미래 먹거리로 개발하고 있다고 한다.

내가 보기에 룩셈부르크는 세계에서 손꼽히는 부국 중 하나인 스위스와 좀 다르게 비교되었다. 스위스가 자신감을 넘어서는 오만함을 풍긴다면 룩셈부르크는 끊임없이 노력하는 나라처럼 느껴졌다. 유럽 안에서도 작은 나라임을 인정하며 주변국들과 좋은 관계를 유지하려고 노력한다. 그런 겸손한 노력으로 GDP 세계 1위의 부국을 이루지 않았을까. 국민 대부분이 프랑스어, 독일어, 영어, 룩셈부르크어까지 4개 국어를 구사하는 소통 능력이 있다고 한다. "성을 쌓는 자 망하고, 길을 가는 자 흥하리라."라는 칭기즈칸의 명언이 말하듯 닫힌 세계에 머물지 않고 소통하며

낡은 성채 저 멀리 유명한 기업들의 유럽 지사가 많이 있다.

열린 세계로 나가고, 오만하거나 비굴하지 않은 외교로 주변국들과 조화를 이룬다. 매우 지혜롭다는 생각이 든다.

도시를 여행하기에 적합한 시티투어용 꼬마열차도 있다.

광장 그리고 대성당

 유럽의 나라들은 처음 도시를 설계하고 계획할 때 기독교의 나라답게 대성당을 가장 중심에 배치하며 그 앞에는 보통 광장이 있다. 대성당(大聖堂, Cathedral)은 교구 전체의 중심이 되는 기독교의 성당을 일컫는 말이며, 교구의 관리자인 교구장주교의 주교좌가 이곳에 있다고 한다. 그리고 그들에게서 빼놓을 수 없는 문화인 토론과 소통의 장소인 광장은 그리스, 로마 문화의 영향도 있지만 본격적으로 들어선 것은 중세 이후라고 한다. 사람들의 대규모 이동과 상업의 발달로 경제력도 커져 가면서 유럽 전역에 많은 도시가 생겼고, 광장도 교회를 중심으로 폭발적으로 증가한다. 실제로 유럽의 많은 도시는 크고 작은 광장을 중심으로 형성되있다고 보면 무방하다. 유럽인에게 성당은 매주 한 번씩은 반드시 모여야 하는 장소였기에 광장과 같은 충분한 공간이 자연스럽게 필요했다.
 또한 광장은 도시의 정치와 경제가 교류하는 복합 공간의 역할이 가능하니 각계각층의 사람들이 모여 소통함으로써 공연과 전시가 활발히 이뤄지는 문화예술의 중심지 역할도 했다. 그리고 유럽은 적의 침략에 대비하여 집과 도시 전체를 요새 같이 폐쇄적인 구조로 집을 지었는데 이들에게는 이런 폐쇄적 구조에 대한 답답함을 완화해 줄 공간도 필요했다. 이처럼 광장은 유럽인들에게는 없어서는 안 되는 중요한 장소이다. 사람들의 만남의 장소인 광장은 때로는 혁명이 일어난 장소이고 전쟁터이기도 했으며 공개적 처형이나 재판의 장소이기도 했다. 그리고 상권의 중심지로 경제발전과 민주주의를 꽃피운 곳도 광장이다.

따라서 관광을 목적으로 유럽의 어느 도시를 방문하게 된다면 대성당에서 시작하기를 추천한다. 대성당은 일단 찾기가 쉽고 대성당에서의 시작은 그 도시의 중심가에서 시작하는 것을 의미한다. 따라서 로마와 같이 도시 전체가 유적이거나 관광지인 경우를 제외하면 주요 볼거리가 대성당과 그 앞의 광장 주변에 몰려 있다고 보면 된다. 대성당을 시작으로 광장 주변으로 들어서 있는 박물관이나 시청, 미술관 같은 공공시설과 카페와 레스토랑, 술집 등의 상업시설을 두루 둘러보면 유명한 관광지는 쉽게 둘러볼 수 있다. 물론 쉴 수 있는 벤치가 있는 경우도 많아 유럽의 광장은 만남과 휴식과 소통의 장소이기도 하다.

베네치아 산마르코대성당에서 바라본 산마르코광장(Piazza San Marco)

유럽의 강(River)

유럽에서 만나는 강은 우리가 생각하는 일반적인 강의 모습과는 조금 다르다. 우리가 늘 보던 강보다 폭이 아주 좁아 우리의 강보다는 작아 보이지만 유럽의 강에는 언제나 물이 가득 차 있다. 처음에는 아마 하류에 댐이 있기 때문일 거라는 생각을 했지만 보다 근본적인 이유는 유럽의 변덕스러운 날씨와도 연관이 깊은 대서양과 북해에서 기인하는 해양성 기후로 인함이다. 이 독특한 기후로 인해 장마철 같은 우기에 비가 집중되어 내리는 우리나라와는 달리 유럽은 사계절 내내 비가 분산되어 내린다. 그리고 많은 강의 발원이 알프스산맥 같은 높은 산의 빙하가 녹은 물이나 숲에서 시작하는 경우가 많아 유럽의 강은 언제나 물이 흐르고 비교적 깨끗하고 수온도 낮은 편이다.

이처럼 꾸준한 비로 강들의 수위가 비교적 일정하니 수로를 이용하기도 적합하다. 수로에서는 유람선 같은 여객선과 화물선까지 우리나라의 강보다는 오고 가는 배들이 훨씬 자주 보이며 도심에서의 운하도 많이 발달해 있다. 특히 네덜란드 암스테르담(Amsterdam) 같은 도시는 도심을 미로 같이 연결하는 운하로 매우 유명하다. 우리에게 강은 벼농사를 위해서는 꼭 필요한 생명줄 같은 것이기에 농사가 가장 중요한 의미로 다가온다. 그러나 이들은 밀을 비롯하여 주로 밭농사이며 비가 자주 적당히 내리니

농사를 강에 의존하는 경우가 우리보다는 훨씬 적은 편이다. 또한 증기기관이 발명되기 전 영국의 면직 산업의 시작이 강을 이용한 수력으로 인함이라고 하는 것을 보면 이들에게 강은 농사보다는 더 다양한 산업적인 필요가 존재하는 것 같았다.

　프랑스 파리를 흐르는 센 강(la Seine)이나 독일을 대표하는 라인강(Rhine), 그리고 영국 런던의 템스강(River Thames)과 같이 주요 도시마다 반드시 강을 끼고 있는 것을 보면 유럽도 강은 매우 중요한 곳임은 확실해 보인다. 처음 유럽에서 만난 강들은 우리가 흔히 보는 강에 비하면 작은 하천이라고 해도 어색하지 않을 만큼 하나 같이 작아서 이유가 궁금하기도 하고 쓸데없는 우월감이 들기도 했다. 그리고 많이 다른 이유가 궁금하기도 했다. 궁금증이 풀리고 나니 규모는 작아도 사계절 일정하게 흐르는 유럽 강의 쓰임새가 더 실용적인 것 같다. 언제나 느끼지만 내가 아는 것이 전부가 아닌 것은 분명하다.

유럽의 강은 우리보다 좁고 4계절 내내 물이 가득 차 있다.

PART 2-1
유럽에서 배우다 - 왜 친환경인가?

『세계의 석학들이 가장 시급하다고 경고하는 위기 1순위는 탄소 배출로 인한 기후 위기이며 두 번째가 핵 위협이라고 한다. 기후 위기가 핵보다 더 위협적이고 심각하며 시급하다는 말이다. 그러나 애석하게도 인류는 이 위기를 벗어날 기회를 놓쳐버렸다는 생각이 든다. 결정적 계기는 2000년 미국 대선에서 환경에 우호적이었던 엘 고어가 조지 부시에게 패하면서 새롭게 대통령이 된 부시는 경쟁자의 정책을 철저하게 조롱하며 무시했다. 이때만 해도 미국은 유일한 1강의 나라였었던 시절이라 미국이 하면 세계는 따라갈 수밖에 없었다. '침묵의 봄'이라는 책으로 케네디 대통령을 움직여 농약과 화학약품의 위험에서 이 정도나마 벗어났고 프레온 가스 문제도 미국이 함께함으로 해결될 수 있었다. 그러나 이제는 중국과 패권 다툼 중이라 자본주의의 고삐를 늦추는 정책인 온실가스 문제는 미국도 지금은 여유가 없을 것이다. 기후 온난화의 최악은 그린란드와 남극의 빙하가 녹아서 불러오는 해수면 상승과 북극의 빙하가 녹음으로 인한 '해양 컨베이어 벨트(The Global Ocean Conveyor Belt)'가 멈추는 2가지라고 한다. 이 경우의 결과는 상상을 초월하며 지금의 기후 징후는 서막에 불과하다고 한다. 온실가스 문제에서 지금 인류는 파멸의 치킨게임을 벌이고 있다. 그저 최악이 오기 전에 세계의 정치권이 함께 움직일 정도의 징후를 기다리는 것이 차선이라는 생각이 들 정도이다.』

친환경 도시 프라이부르크(Friburg)

독일은 우리나라와 상당히 비슷한 데가 많다. 지형적으로 산이 많고, 정치적으로 지금은 통일을 이루었지만 제2차 세계 대전 후에 분단국가였다는 공통점이 있다. 또 둘 다 전쟁으로 폐허인 나라에서 우리나라는 한강의 기적을 이루었고 독일도 놀라운 경제 성장을 일으킨 라인강의 기적을 성취한 나라이다. 게다가 독일은 우리가 결코 잊어서는 안 되는 고마운 나라이기도 하다. 우리나라 광부와 간호사들을 독일로 보내는 대가로 원조받은 독일 차관이 우리나라 경제 부흥의 밑거름이 되었기 때문이다. 박정희 정권 초기에 미국의 원조도 끊기고 전 세계 어느 나라도 외면하던 때에 둘 다 분단국이라는 이유로 우리에게 도운 나라가 독일이었다, 자본주의의 논리와는 맞지 않은 도움이었기에 너무나 고마운 일이다. 또한 독일은 상대적으로 과거의 잘못을 반성하는 민족이라는 점에서도 위대하다. 독일이 히틀러와 함께 제2차 세계 대전을 일으켜 많은 희생자를 낳았고 특히 유대인을 잔인하게 학살하여 악명이 매우 높다. 이후 독일은 철저하게 반성하고 회개한 모습을 보였으니, 아직도 우리에게 많은 앙금을 남겨 준 일본과는 분명히 다르다.

이렇게 과거를 돌아보고 미래의 방향을 모두에게 이롭게 하는 독일인의 좋은 모습을 보여준 도시가 바로 프라이부르크이다. 프라이부르크의 오른편에는 폭이 40km 정도이며 길이가 200km 정도의 숲이 있다. 나무가 하도 울창하여 '검은 숲(Schwarzwald)'이라고 불린다고 한다. 프라이부르크 주민들에게는 맑은 물과 야생 동물을 볼 수 있고 그들의 삶과 함께하는 숲인데 이 숲이 위협을 받는 일이 발생한다. 1960년대 들어 목재를 얻고자 숲이 심하게 파괴되었고 1970년대 들어 프라이부르크 인근에 원자력발전소 건설이 결정되면서 정부와 주민 사이에 큰 갈등이 생기게 된다. 전 세계를 불어닥친 오일쇼크로 인한 결정이었지만 프라이부르크 주민들은 하나가 되어 극렬히 저항하고 결국 이 숲을 지켜냈다. 이런 일을 겪으며 크게 깨달은 주민들은 아예 환경을 위협하는 일이 없도록 시와 주민들이 함께 친환경 도시가 되는 길을 선택한다.

대표적인 친환경 도시 프라이부르크는 자전거가 많기로 유명하다.

모든 도로는 자전거가 자동차보다 편리하거나 동등한 대우를 받도록 하며, 구시가지 일부는 자동차가 아예 출입하지 못한다. 베히레(Bachle)라는 수로를 통해 도시의 열 조절 기능을 하는데 아이들에게는 놀이터가 되고 관광객에게는 볼거리가 되기도 한다. 태양광도 일찍이 도입하여 건물마다 태양광 패널이 설치된 곳도 많다. 건물에 등나무 같은 식물을 심어 여름에 온도를 낮추고 그늘을 드리워 햇빛을 피한다. 우리나라 수원시와 자매결연한 도시이고 정우영 선수가 프라이부르크 축구팀에서 뛰기도 했다. 이 도시의 많은 시민들은 친환경을 위해서는 어느 정도의 불편함은 기꺼이 감수할 각오가 되어 있다고 하니 좋은 본보기가 되는 도시이다.

프라이부르크 구시가지에는 자동차가 다니지 않고 자전거와 트램만 보인다.

프라이부르크 대성당 주변에는 작은 시장이 열려 꽃과 비누 등을 판다.

 과거의 경험으로 반면교사의 지혜를 얻어 세계적인 친환경 도시로 탈바꿈하면서 전 세계에서 다양한 단체와 사람들이 견학하며 친환경을 공감하고 배우고 간다고 한다.

대성당 인근 'Schlossberg'에서 보면 멀리 검은 숲이 보인다.

도시 곳곳에
흐르는 수로는
아이들에게
훌륭한 놀이터가 된다

깨끗한 공기

　　미국이 강대국이 된 비결 중 하나가 지리적인 이점도 크다고 한다. 미국 못지않게 유럽도 살기 좋은 나라가 된 데에는 지리적인 이유가 한몫했을 거라 생각된다. 지리적인 위치 때문에 장점도 있고 동시에 단점도 있겠지만 그래도 개인적으로 가장 생각나는 좋은 점을 꼽으라면 바로 유럽의 기후였다. 대륙성 기후인 우리와 달리 유럽은 해양성 기후로 온도 차가 크지 않고 온화한 편이다. 이 해양성 기후로 인해 우리와 같은 북반구에서는 북쪽의 오염이 거의 없는 깨끗한 공기가 흘러 유입된다. 오염물질이 본격적으로 대기에 방출되기 시작한 제1차 산업혁명 이후에도 유럽은 깨끗한 공기가 북쪽 바다에서 지속해서 유입되는 천혜의 조건이었다.

　　유럽의 하늘은 눈이 부시게 맑은 날이 많다.

유럽에서의 하늘은 언제나 깨끗한 편이다. 특히 비가 온 후 하늘은 정말이지 눈이 부시게 맑고 깨끗하다. 우리의 폐가 정화되는 기분 좋은 느낌을 자주 느끼게 된다. 아마 많은 이들이 유럽을 그리워하며 유럽과 같은 곳에서 살면 좋겠다는 생각이 들게 되는 큰 이유의 하나도 깨끗한 공기였을 것이다. 이들이 누리는 깨끗한 공기를 가지게 된 이유를 생각해 보면 이들의 지리적인 장점에서 오는 기후의 혜택도 있지만 무엇보다 유럽인들의 친환경적인 노력과 실천이 훨씬 더 커 보인다. 이와 같은 생각이 드는 이유는 유럽의 하늘은 바다에 가까운 서유럽은 물론이고 내륙 쪽에 위치한 스위스나 동유럽도 한결같이 맑고 깨끗한 편이기 때문이다. 우리와 유사한 북서풍에도 주변의 나라에서 오염된 공기가 유입되지 않는 것은 그만큼 유럽 전반에서 공해물질을 비교적 덜 뿜어 낸다는 방증이기도 하다. 역사적으로 거슬러보면 산업혁명이 한창이던 시절에 '런던 스모그 사건'과 같은 대기 오염으로 사회적

프랑스 떼제(Taize) 인근의 전원과 리옹 시내까지 유럽의 공기는 깨끗하다.

맑은 하늘과 깨끗한 공기를 만날 수 있다.

문제가 된 시절도 있었다. 그러니 유럽의 맑고 깨끗한 공기가 선택받은 지리적 좋은 선물만은 아님이 분명하다.

　이처럼 유럽 어느 나라 어느 지역에 가더라도 공기가 맑은 편이다. 계절적으로 황사와 공장에 나오는 오염된 공기가 중국에서 흘러오는 우리 사정과는 달랐다. 여러 면에서 주변의 나라들과 서로가 밀접하게 연결되고 또 주고받는 영향을 피할 수도 없다. 이런 의미에서 중국과 일본을 비롯한 우리의 주변국들과의 관계도 냉철하게 돌아보면 좋겠다. 서로의 필요성을 공감하고 적절하게 우호적으로 연결되어 서로 도움을 주고받는 날이 빨리 오기를 희망한다.

산업혁명(Industrial Revolution)과 우리의 미래

석탄을 연료로 한 증기기관의 발명은 가히 엄청난 변화를 인류사에 동반하고 왔다. 화석 연료를 연소해서 에너지와 동력을 얻는 혁신은 우리에게 먹고사는 문제를 벗어나 새로운 풍요의 시작이 되었지만 동시에 공해와 환경 파괴라는 어두운 그림자를 태동시킨다. 혁명적인 발명품인 증기기관이 탄생한 영국에서부터 시작된 산업화와 이에 필연적으로 동반된 공해와 환경 파괴는 유럽과 미주 그리고 일본과 한국을 지나갔다. 지금은 중국과 인도를 비롯한 아시아에서 절정의 공해와 환경 파괴 물질을 뿜어내고 있다. 즉 필연적으로 개발도상국의 경제 개발 과정의 환경 파괴를 서방의 선진국부터 순서대로 겪어 나가고 있다. 개발도상국들은 당연히 개발이 우선이라 환경보호 등을 생각할 여유가 없다. 산업화의 무시무시한 부작용을 뒤늦게 깨달은 선진 나라들에 의해 추진되고 있는 친환경 정책들은 "그동안 환경을 파괴하며 발전하고는 우리는 못하게 하는 것은 부당하다." 하는 논리에 설 자리가 만만치 않다.

결국 개발도상국을 벗어나고 중요함의 본질이 바뀌면서 비로소 환경의 소중함을 공감한다. 그때는 잘못된 길임을 인식하고 돌이키려고 해도 너희 나라는 이렇게 해 놓고 우리가 필요할 때 못하게 한다는 국가적 이기주의 논리에 사로잡혀 멈출 수가 없다.

그렇다고 마냥 선진국들을 비난만 할 수도 없다. 유명한 런던의 스모그(Great Smog of London)나 스위스 레만호수(Lac Léman) 환경오염, 일본의 미나마타병(Minamata disease), 이타이이타이병(Itai-itai disease) 등을 보면 그들도 스스로 사회 전반의 시행착오인 것도 많다. 그리고 이들은 환경 재해를 줄이기 위한 노력을 앞장서고 있으니 말이다. 영국에서 처음 1차 산업혁명에서 시작된 산업화 이후 지금까지 150년이 지나는 동안 경제 개발로 인한 환경 파괴는 북극과 남극의 빙하가 녹아내리고 기상이변으로 인한 재앙이 몰려와도 우리 인류는 멈출 수가 없다. 국가적 이기심에 사로잡힌 어리석은 바보들과 다를 바가 없다.

여기에 성장을 통해 유지되는 자본주의를 껴안으며 브레이크가 고장 난 기관차처럼 폭주하고 있다. 풍요를 위해 더 소중한 것들을 잃어간다. 그것이 우리 인간들의 현실이다. 최근 코로나 팬데믹은 우리에게 큰 교훈을 남겼다. 어쩌면 우리 인류에게는 환경 파괴의 폐해를 매우 심각하게 인식하여 전 세계 정치권이 함께 행동할 때까지 스스로 멈출 방법이 없을 것만 같다.

영국에서 시작된 1차 산업혁명의 상징인 증기기관

앞으로 얼마나 우리 지구가 버틸 수 있을까를 생각하면 희망보다 절망적인 마음이 앞선다. 핵무기의 위협도 점점 심각해지고 있지만 지금 세계의 많은 석학들이 꼽는 지구의 위기 1순위가 탄소 배출로 인한 온난화 위기라고 한다. 이런 우려를 증명이라도 하듯 어김없이 지구 곳곳에서 기상 이변이 심각하게 일어나고 있다. '엘 고어'는 한때 미국 대통령 후보였다가 부시보다 더 많은 표를 얻고도 대통령이 되지 못하고 지금은 환경운동가로 활동한다. 그의 저서 "불편한 진실"에 따르면 온난화의 최악은 남극과 그린란드의 빙하가 녹아 해수면이 상승하거나 북극의 빙하가 녹으면서 전 세계의 해류가 순환(해양 컨베이어 벨트 - The Global Ocean Conveyor Belt)을 멈추는 것이라고 경고한다. 이런 날이 현실이 되면 지난 2004년 개봉한 재난영화 '투모로우(The Day After Tomorrow)'에서와 같이 지구는 뉴욕도 순식간에 빙하가 올 수 있다고 한다.

사실 인류는 지구상에 많은 문제들이 있었지만 그래도 현재보다는 잘 해결해 왔다. 그 결정적인 역할의 핵심은 최근까지 유일한 1강이었던 미국이었다고 볼 수 있다. 인권 문제, 환경 문제의 많은 부분도 미국이 주도적으로 나설 때 해결되었다. 환경 문제의 한 획을 그은 레이첼 루이즈 카슨(Rachel Louise Carson)은

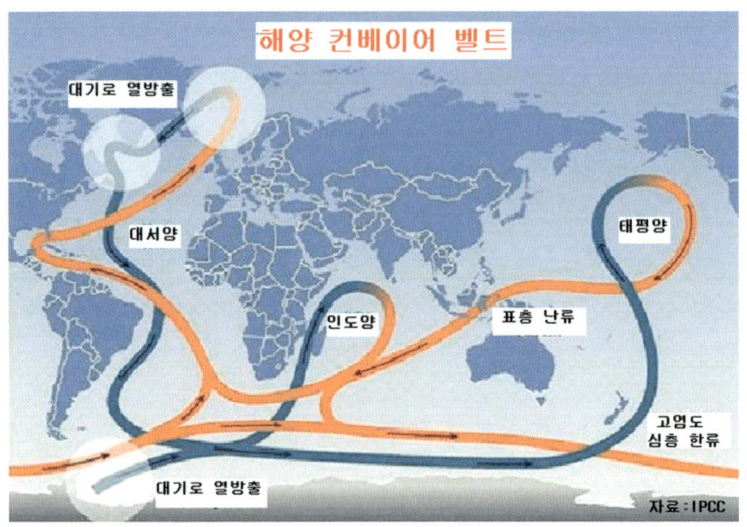

지구의 해류는 멕시코에서 북대서양까지 끊임없이 순환되고 있다.

 '침묵의 봄(Silent Spring)'이라는 그녀의 저서를 통해 케네디 대통령이 움직임으로 농약과 화학약품 문제와 환경에 대한 많은 부분들이 개선될 수 있었다. 이후 오존층을 파괴하는 프레온 가스(Freon Gas)도 미국이 함께함으로써 줄여나갈 수 있었다. 경제와 떼려야 뗄 수 없는 지구 온난화도 엘 고어가 대통령이 되었다면 많이 개선되었을 것이다. 정적의 공약이라는 정치적 문제로 기회를 놓치고 지금은 중국과 경제적인 패권 다툼으로 해결될 가능성이 쉽지 않다. 결국 지구의 기후 재앙을 향한 치킨게임이 당분간 계속될 것 같다.

 여기에 최근 갑자기 등장한 AI도 온난화와 핵전쟁의 위협만큼 위협적이다. 지금까지 인류가 걸어온 길을 보면 멀지 않아 인류가 만든 기계에 인류가 지배받는 끔찍한 일을 스스로가 초래할 가능성이 매우 크다. 지금의 인류는 세 방향의 치킨 게임을 향해 위태로운 폭주를 하고 있다. 승자가 모든 것을 가져가는 승자 독식의 냉혹한 자본주의의 세상이기 때문이다. 이는 기독교의 쇠퇴와 어느 정도 이유가 있다. 우리 스스로 돌아보는 "회개"가 사라지고 '죄(罪)' 그리고 '벌(罰)'이라는 의미가 많이 변한 지금의 인류는 인간이 마치 신이 된 것과 같이 살아간다. 산업화의 시발점이 된 런던의 과학박물관에서 이렇게 우리를 돌아본다.

자본주의(Capitalism) & 친환경(Eco-friendly)

　민주주의(民主主義, Democratic system)를 기본으로 하는 자본주의(資本主義, Capitalism)는 한편으로 위대하다. 자본주의의 위력 앞에 서슬 퍼런 공산주의(共産主義, Communism)까지도 굴복시켰다. 그로 인해 우리에게 자유를 안겨주었다. 그것 하나만으로도 충분히 그 부작용이 무어라 해도 긍정적인 면이 더 많다고 본다. 즉 많은 부작용과 그 부작용이 점점 치명적이라 할 만큼 위력적이라고 해도 어떻게 해서라도 자본주의를 안고 가야만 한다. 자유를 잃어버리는 것은 상상할 수 없기 때문이다.

　자본주의는 끊임없는 성장으로 유지된다. 돈이 돈을 벌어들이는 자본주의의 메커니즘에 따라 투자와 부채, 이자가 끊임없이 순환하며 이익을 창출해야 한다. 성장을 위한 소비가 매우 중요해서 끊임없는 소비가 일어나지 않으면 자본주의는 유지되기 어렵다. 환경 문제는 자본주의의 속도와 관련이 깊다.(어쩌면 이 시대 주요 문제의 근본적인 원인은 결국 자본주의로 귀결된다) 과열된 속도로 인한 대량생산과 대량 소비, 빠른 개발과(자생적 치유를 넘어서는) 이로 인한 환경 파괴와 초과 배출된 탄소로 갈수록 지구 곳곳은 심각한 기후 재난에 직면하고 있다. 치유하기 어려운 환경 파괴로 인류는 스스로 자멸의 길을 향해 폭주하고 있다. 누가 멈출 수 있을까? 원인도 알고 모든 나라가 동시에 해결할 대안도 어느 정도는 알면서도 현실적으로 실천이 어려우니 그저 두려울 뿐이다.

먹고 먹히는 냉혹한 논리가 국제 사회에서도 그대로 적용되다 보니 어느 나라도 선뜻 먼저 희생하려 하지 않는다. 친환경 문제는 해당 국가들 모두가 함께 행동하면 해결되겠지만 현실적으로 불가능에 가깝다. 그나마 자본주의의 성장의 속도를 지금보다 느리게 하는 것이 유일한 대안이 아닐까 생각된다. 가장 좋은 것은 자연치유가 될 정도의 느린 속도이겠지만 현실 속에서 인위적인 통제는 정치적인 문제나 국가 간 이기주의로 기대하기 매우 어렵다. 그래도 환경은 너무나 소중하기에 유럽에서의 '쓰레기 제로 운동', 에너지 절약, 친환경, 재활용, 공정무역, 유기농, 구제 활동 같은 절제하는 새로운 소비 운동은 큰 의미가 있다.

기부한 재활용품으로 암 환자를 돕는 'CANCER RESEARCH UK'.

우리는 때로는 제대로 쓰지도 않는 물건들까지 넘치도록 구매하고 쉽게 버린다. 저렴하게 만들고 버리는 쉽게 모든 과정에서 지구는 신음한다. 매우 비효율적인 잘못된 길을 가고 있다. 누가 보아도 바보 같고 어리석은 짓이지만 그렇다고 그 누구도 멈출 수 없다. 현시대를 살아가는 우리에게는 어쩔 수 없는 불가항력의 영역이 되었다.

그럼에도 친환경에 대한 유럽인들의 노력은 매우 강하다. 유럽의 거리마다 친환경(**Eco-friendly**)과 구제 활동(Compassionate Outreach), 재활용(Recycling), 유기농(Organic), Minimal 그리고 공정무역(Fair trade)을 내건 간판들이 흔히 보인다. 일종의 절제 운동을 표방하며 환경 보호와 인류애에 호소하는 상점들이다. 국가들은 엇박자로 함께 못하지만 자본주의의 치명적인 부작

유럽은 재생에너지에 진심인데 독일에서는 풍력 발전이 많이 보인다.

용에서 벗어날 수 있는 한 가닥 희망이 절제임을 이들은 알고 있는 듯하다. 과잉 생산과 소비, 지나친 자원 남용과 환경 파괴를 그나마 줄일 방법은 각자 스스로 실천하는 '느린 삶'이라 생각한다. 너무 늦었다더라도, 많은 이들이 알고 행동하기를 간절히 기대해 본다.

재활용(Recycling) & 재사용(Reuse)

　재활용(Recycling)과 재사용(Reuse)은 말 그대로 개념이 약간 다르다. 재활용은 이미 사용한 물품을 특별한 방법으로 손질하고 다른 방식으로 되살려 사용하는 것이고 재사용은 이미 사용한 물품을 그대로 다시 사용하는 것이다. 처음 용어만 들으면 단순해 보이지만 의외로 구분이 잘 안된다. 조금 헛갈리지만 크게 상관없다. 중요한 것은 환경과 지구를 사랑하는 마음과 이를 실천하려는 행동이기 때문이다. 환경 문제를 구체적으로 보면 제조와 유통에서는 주로 이산화탄소가 발생하고 구매와 소비 그리고 사용 후 처리하는 과정에 미세 플라스틱 문제가 있다. 예를 들어 일반적으로 제조 비용이 고가인 유리나 면제품과 나무는 미세 플라스틱 문제는 없지만 이산화탄소가 많이 발생한다. 그러나 플라스틱이나 일회용 비닐은 상대적으로 이산화탄소 발생은 적지만 미세 플라스틱이 문제가 된다. 재활용(Recycling)과 재사용(Reuse)을 비교하자면 재사용(Reuse)이 이산화탄소 발생이 훨씬 적다. 이와 같이 어느 것이 환경에 덜 해로운지를 알고 이를 실천하는 것이 중요하다.

　유럽은 재사용품에 대한 거부감이 우리보다는 훨씬 덜 해 보인다. 곳곳에 벼룩시장(Flea Market)이 열리고 많은 이들이 이곳을 찾는다. 우리에게는 행사의 이벤트나 가끔 한 번씩 열리는 행사이

유럽인들은 재활용품에 대한 거부감이 우리보다 훨씬 덜하다.

지만 유럽의 벼룩시장은 런던의 포토벨로 마켓(Portobello Road Market)처럼 앤티크 마켓으로 발전하여 상설되는 곳도 있다.

소비는 미덕(美德)이라는 말이 있다. 자본주의 사회를 살아가자면 소비는 꼭 필요하기에 말 그대로 아름다운 것이 되어야 한다. 진정한 아름다운 소비는 소비로 인한 부작용 없이 과하지 않으며 친환경적이고 건전해야 한다. 우리 인류는 산업혁명 이후 많은 시행착오를 겪으며 성장해 왔다. 그 시행착오의 대부분은 역사적으로 보면 심각한 후유증을 잘 모르고 지나온 경우가 많았다. 그러나 환경 문제는 지금 분명히 그 원인과 결과의 심각성을 모두가 알고 있다. 그럼에도 실행이 어려운 건 국가 이기주의를

곳곳에 플리마켓이 있고 찾는 사람도 많다.

포기하지 못한 정치권의 영향이 크다. 논리적으로는 충분히 서로의 다른 이해가 일리가 전혀 없는 것은 아니다. 개발의 과정에서는 필연적으로 막대한 환경 파괴와 오염물질이 배출되며 개발도상국(후진국)에 집중되어 발생한다. 폭발적인 오염물질 배출과 개발이 끝난 선진국과 진행 중인 개발도상국 사이의 의견 차이는 너무나 당연하다. 선진국들과 개발도상국들이 함께 협력하여야 해결이 가능한데 서로 합의는 쉽지 않다. 합의 당사자가 정치인들인데 정치인에게는 정권 유지를 위한 표가 더 중요하며 친환경 같은 미래 지향적인 정책들은 후 순위가 되는 경우도 많기 때문이다. 나라마다 처한 상황이 다르고 자국 우선주의를 표방하는 정치인을 지지하는 국민도 많아서 국제적인 합의가 더욱 어렵다. 이것이 우리가 처한 현실이다. 우리는 진정한 주인의식을 가져야 한다. 창조주로부터 부여된 인간의 의무와 권리는 이 세상을 선량한 관리자로 잘 섬기고 관리하라는 것이다. 인간은 자연의 선량한 관리자가 되어 자연이 아프면 회복하도록 돌보고 지켜야 한다. 우리가 모르고 행한 일들은 용서가 되어도 우리가 알고 있음에도 우리의 욕심으로 행한 일들은 큰 죄악이라는 말이 있다. 지금 우리는 우리의 풍요를 위해 과한 에너지 사용과 과한 화석 연료 사용을 동반한 지나친 소비의 시대를 산다. 분명히 문제임을 알고 있다. 이제 모두 행동하는 현명한 관리자가 되어야 한다. 기업이나 국가가 스스로 통제하도록 자율을 기대하기는 매우 어렵다. 우리 각자가 직접 행동해야만 한다. 즉, 현명한 소비자의 현명한 선택과 행동만이 유일하고 가장 효과적인 대안이다. 과하면 줄이고 소비하더라도 환경에 덜 파괴적이고 친환경적인 소비를 단호하게 주도해야 한다. 이러한 주인의식이 지구에 사는 인간으로서 최소한의 도리다.

지금 우리나라도 일회용 없애기 같은 다양한 노력을 하고는 있지만 효과가 많이 분산되는 것은 소비자들 한 명 한 명의 인식이 아직 자리 잡지 못하고 있기 때문이다. 나 혼자인데… 잠깐인데… 혼자 무슨 일을 할 수 있겠어? 라는 생각들이 많기 때문이다. 재활용품의 분류나 수거 같은 행동도 물론 중요하다고 하지만 어떤 과정이 환경에 덜 해로운지 이해하고 이를 실천하는 것이라 할 수 있다. '재활용(Recycling)' 같은 경우는 추가 가공 처리하는 데 또 다른 이산화탄소가 필연적으로 발생하니 우리에게는 비교적 생소한 '재사용(Reuse)'이 가장 공해를 줄이는 방법이라고 한다. 예를 들어 비닐봉지에 담아도 여러 번 사용하고 플라스틱 용기나 유리병을 사용해도 여러 번 사용하는 것이 환경에 가장 좋다고 한다. 물론 재활용을 위한 노력도 충분히 환경에 좋은 의미가 있지만 조금 더 알고 실천하는 개념 있는 현명한 생활이 되면 좋겠다.

또한 '쓰레기 제로 운동'도 아주 효과적인 친환경 실천이다. 쓰레기 배출이 없다는 것은, 말 그대로 아주 완벽한 소비를 실천한 것이고 지속 가능한 삶을 보장하는 가장 확실한 방법이다. 내가 어릴 적 살던 시골에서는 실제로 쓰레기가 거의 없었다. 모든 음식물 찌꺼기는 가축의 먹이나 농작물용 거름으로 '재활용'되었고 어쩌다 나오는 비닐봉지나 종이상자도 낡을 때까지 끝까지

지속 가능한 지구를 유지하는 가장 현명한 방법이 아닐까 싶다.

'재사용'하며 살았다. 물품 용기들은 여러 번 재사용, 재활용하고 궁극적으로 모든 쓰레기는 없애는 생활이 바로 지속 가능한 지구를 유지하는 가장 현명한 방법이라는 것을 유럽인의 삶에서 배운다. 그들은 환경 보호의 현명한 선구자처럼 앞장서 실천한다.

PART 2-2

유럽에서 배우다 - 크리스천

『유럽인의 신앙심도 예전 같지 않지만, 법과 관습 그리고 상식과 문화 등 사회 전반에 기독교적 문화와 시스템이 여전히 지배적이다. 종교는 퇴색되었어도 어쩌면 잠자고 있어도 그들은 여전히 크리스천들이다. 기독교 사상은 밖으로 드러나는 것보다 마음이 훨씬 중요하다. 결과보다 과정을 중요하게 생각하는 이유이기도 하다. 보이는 모습이 더 중요한 동양인들과는 조금 다르다. 많은 사람이 알듯이 기독교의 기본은 그 유명한 '사랑의 정신'이다. 이타적이고 타인을 배려하는 것이 비교적 일상적이고 타인도 함께 중요하니 공동체를 아주 중요하게 생각한다. 그래서 공동체의 질서를 무너뜨리는 것들에는 단호하고 격렬하게 반응하기도 한다. 그들에게는 일종의 율법적인 문화와 의식이 '죄를 지으면 벌을 받는다.'라는 명제로 그들의 마음에 여전히 남아있다.』

미소

유럽을 여행하다 보면 아침 호텔의 엘리베이터(Elevator)에서 만난 중년의 아주머니나 아저씨들을 보면 언제나 미소를 머금고 반갑게 인사를 한다. 그 미소는 진심으로 느껴진다. 우리나라 사람들에게는 당황스럽고 의아할 정도로 처음 보는 사람들끼리 반갑게 웃으며 인사한다. 조금은 조금은 낯선 모습이지만 이들은 진심이 묻어난다. 물론 보편적으로 그렇다는 뜻이다. 그곳도 차가운 표정으로 길을 걷는 사람도 많고 아침에 만나도 전혀 무관심한 경우도 많지만, 유럽인들은 보편적으로 진심 어린 미소로 사람들을 대한다.

어느 상점에서 만난 인상 좋으신 아주머니 모습에는 진심이 느껴진다.

이는 겉으로 드러나는 겉모습보다 마음을 더욱 중요하게 생각하는 기독교 사상과 깊은 관련이 있다. 외모를 먼저 보게 되는 사람에 비해 하나님(God)은 그 마음이 중요하다는 가르침은 기독교인에게는 매우 중요하다. 즉 밖으로 드러나는 외형적인 것보다 그 사람 마음의 진정성이 더 중요하다는 것이다.

기독교 교인들이 삶에서 지켜야 하는 10가지 계명인 십계명에서도 죄에 대한 기준을 보면 실제 행동 이전에 마음속에 나쁜 생각을 품은 것부터 이미 죄이다. 유럽인이 이 계명을 우리나라보다 훨씬 삶에 잘 적용한 것 같았다. 결과도 중요하겠지만 이보다는 동기와 과정도 그만큼 중요하게 강조함으로써 한마디로 진심으로 대하라는 가르침이다. 유럽 사람들은 이러한 진솔함이 생활 속에 늘 묻어 있으며 이들은 보편적으로 다른 사람의 시선에 대해 개의치 않는다. 겉으로는 드러나지 않는 동기와 과정 즉 마음이 중요하고 마음은 겉으로는 잘 드러나지 않으니 오직 스스로 양심에 판단할 수밖에 없다. 자기 스스로 생각이 선하다면 하나님께 복을 받을 것이고 자기 생각이 악하다면 벌을 받을 것이기에 겉으로 드러나는 행동은 조금 더 자유롭다. 예를 들어 길을 가다가 앞에서 오는 여자에게 시선이 가도 크게 개의치 않는다. 쳐다보는 사람이 음란한 생각으로 바라보았다면 그의 죄이기 때문이다.

이와 같이 진짜 나의 마음이 중요한 진정성은 크게 2가지 중요한 의미가 있다. 첫 번째로 그들은 서로 생각을 믿고 신뢰감 있게 살아간다. 그들의 상식은 자기 자신을 속이는 일, 즉 거짓말을 하면 부부관계나 인간관계에 치명적인 파국을 맞이하는 경우가 많다. 드라마나 영화에도 종종 나오는데 거짓말하는 사람은 한마디로 믿을 수 없는 사람으로 취급받는다. 게다가 '스스로 자신을 속이는 것보다 명예를 더럽히는 것은 없다.'라고 생각할 만큼 그들은 명예를 중요시하는 사람들이다. 이것이 그들의 문화요 그들의 사상이 핵심이며 우리와 다른 면이다. 서로가 믿고 살아가는 신뢰를 바탕으로 협력하는 삶은 분명히 효율적이고 생산적인 삶이 되게 한다.

두 번째는 타인의 생각에서 비교적 자유로워지고 관대하여진다. 나쁜 생각만으로도 죄가 된다고 믿으며 자기 마음을 더욱 검열하는 그들 문화와 달리 우리나라 사람들은 타인의 시선과 평판을 부담스럽고 불편해한다. 남들이 어떻게 생각하는지 알 수 없기 때문이다. 심지어 남이 나를 쳐다본다고 화를 내고 시비가 붙기도

개인의 생각은 각자로의 책임으로 타인의 생각에 비교적 관대하다.

한다. 전통적으로 우리나라에서는 사람들끼리 시선을 마주하는 정서와 매너가 다르다는 것을 유럽의 길거리를 걸으며 느끼게 되었다. 스치듯 바라보는 시선조차도 매우 조심스러운 우리나라와 달리 유럽에서는 타인을 일상적인 시선으로 바라보는 것 자체는 전혀 신경을 쓰지 않는 편이었다. 때로는 가볍게 마음을 나누는 듯한 인사를 하기도 한다. 우리나라도 내가 남을 위하고 사랑하듯이 남도 나를 사랑한다는 그런 시선을 느끼는 사회가 되기를 간절히 소망해 본다.

타인을 미워하는 것 자체가 이미 죄를 지은 것이다.

좋은 시스템(System)과 절묘한 균형

　유럽인의 대다수는 자신이 기독교인이라고 믿고 있으며 유럽의 많은 나라가 공식적으로 기독교 국가임에도 현대를 살아가는 유럽인들의 삶에서 기독교의 흔적을 찾기는 쉽지 않다. 일주일에 한 번 예배에 참석하는 것도 필수는 아니라고 여겨진 지 오래되었다고 한다. 실제로 학원에서 수업을 들으며 종교에 관련된 토론을 할 때도 기독교의 이야기는 절대로 언급해서는 안 될 분위기였다. 이슬람을 믿는 사람들은 당당히 자신의 종교를 밝히는데 유럽인들은 자신이 기독교인임을 더 이상 이야기하지 않으며 기독교인처럼 행동하지도 않는다. 그러나 그들의 삶의 많은 부분이 여전히 기독교적 시스템이 여전히 유지되고 지배하고 있다. 기독교가 유럽인의 일상의 생활에서는 밀려나고 있지만 그들의 삶을 지배하는 뼈대와 방향에서 기독교는 유럽인의 삶 속에 아주 깊숙이 녹아 있다. 이들은 하나님의 뜻을 해석하고 그 해석에 적합하도록 절묘하게 사회적 제도와 문화 그리고 대다수 유럽인의 삶의 방식에 적용하고 실천한다. 기독교의 기본적인 사상이라 할 수 있는 두 가지 사상인 "죄는 벌을 받는다."와 "한없이 사랑하라"는 두 가지 주요 명제가 잘 균형(balance)을 이루고 있다는 느낌이었다. 특히 죄를 지으면 그에 상응하는 벌을 받는다는 생각이 더 와닿았다. 아마도 그렇게 생각한 이유는 사소한 법과 원칙도 대부분 지키며 산다고 생각했기 때문이었다.

　우선 그들은 누가 보든 안 보든 운전할 때 규정 속도 같은 작은 법규도 철저히 지키며 살아간다. 식당에서도 종업원은 친절하되 굽실대지 않고 진상인 손님은 심지어 단호하게 쫓아내기도 한다. 불합리하게 한쪽으로 치우친 것을 용납하지 않고 스스로 균형을 잡고 절묘하고 당당하게 처신하는 그들이 매우 부러웠다. 그런 낯선 모습 속에서 일종의 막힌 게 뻥 뚫리는 시원함이 느껴진다. 분명 손님들은 존중받아야 하지만 진상인 손님들은 과감하게 대응할 필요가 있다. 한없이 서비스받는 게 마땅하다고 착각하는 일부 갑질 손님을 보면 '과유불급(過猶不及)'이라는 말이 자꾸 생각났다.

　또 다른 예로 공권력 특히 경찰들의 권위는 대단하며 교사들에게 복종하는 학생들도 요즘의 우리나라의 현실과는 다르다. 그 이유는 우선 공권력이나 교사에게 의무만큼의 권위를 부여하여 거스르거나 폭력으로 반항하면 엄청난 손해와 책임이 뒤따르기 때문이다. 이는 그들 간에 스스로 서로 공정하다고 기본적으로 신뢰하면서 치우치지 않는 공정과 정의가 절묘하게 균형을 이룬 것 같다. 우리는 "스승의 그림자도 밟지 않는다."라고 했던 나라인데 요즘 학교 선생님들이 학부모나 심지어 제자들에게 폭력을 당했다는 뉴스가 종종 나온다. 어서 빨리 개선되기를 바랄 뿐이다. 이들의 적절한 균형은 기독교에서 말하는 "좌로나 우로나 치우치지 말라"는 성경 말씀과 깊게 연결된다. 일상에서 보이는 그들 특유의 균형 감각 역시 기독교적인 영향이 큰 편이다.

이처럼 그들의 삶에서 언제나 느껴지는 기독교 정신을 접하면서 겉으로 보기에 그들이 교회 출석은 잘 안 하지만 그들 삶의 곳곳에서 항상 기독교 정신을 발견할 수 있다. 그저 잠시 휴식 중인 잠재적인 신앙인들로 느껴진다. 그리고 그들은 죄에 대해 끊임없이 회개(悔改)하며 자기반성을 함으로써 스스로 자정한다. 자기 조절 능력을 상실한 이 시대에 "좌로나 우로나 치우치지 말라"라는 말씀처럼 적절한 균형은 꼭 배워야 할 기독교의 덕목 중 하나가 아닐까?

자유롭지만
질서를 유지하는
어린 학생들이 사랑스럽다.

반반(Fifty-fifty)

독일 보름스 대성당 앞에 있는 작은 기념품 가게에서 있었던 일이다. 내가 도자기로 된 마그넷 기념품을 고르다가 그만 떨어뜨려 깨지고 말았다. 크지 않은 가게라 당연히 주인도 봤고 아주 비싸지 않아서 다른 상품 값을 계산할 때 내가 깨트린 마그넷 기념품도 포함하여 지불하겠다고 말했다. 그때 계산하던 주인이 한 한마디가 나에게는 엄청난 감동이었다. 깨진 거는 "fifty-fifty(반반)" 하는 것이었다. 누가 봐도 두 번 다시 올지 모를 지나가는 동양인 여행자인데, 게다가 내 실수로 깨트려서 책임지겠다는데 반반(fifty-fifty)씩 부담하자는 그의 말 한마디는 정말로 감동적이었고 많은 생각을 하게 했다.

독일 보름스에 있는 대성당은 마틴 루터의 종교 재판으로 유명한 곳이다.

유럽에서 여행하며 내내 전반적으로 느낀 것은 '진심 어린 마음'과 함께하는 '공정함' 같은 그 무엇이었다. 좌나 우로 치우치지 않는 기독교 이념이 뿌리 깊게 그들의 삶에 녹아있었다. 그 공정함으로 어느 쪽도 억울하지 않게 하려는 흔적이 보인다. 다시 볼지 알 길 없는 낯선 이방인까지 배려하는 그 마음은 어느 쪽으로도 치우치지 않으며 결과만큼 '과정'과 '진심'을 중요시하는 기독교 문화를 느끼게 한다. 유럽 여행을 통틀어 가장 기분 좋은 순간이었으며 평생 잊지 못할 감동이었다.

자기 생각과 다른 사람의 입장을 고려하는 이타적인 태도는 사람을 정말로 기분 좋게 한다. 유럽은 사회 전반에 이런 느낌을 많이 받는다. 줄을 서서 주문하거나 운전할 때도 배려와 사랑 그리고 공정이 느껴진다. 그리고 훨씬 더 감동은 그 모습에서 형식적인 겉치레가 아닌 진정 사랑의 마음이 느껴질 때였다. 미소만큼 사람을 기분 좋게 하는 것이 있을까. 그런데 우리나라에서는 애석하게도 처음 보는 사람에게 웃으면 기분 나빠하거나 오히려 이상한 사람으로 오해를 사기도 한다. 그것은 그 웃음이 진심인지 아닌지를 먼저 생각하게 되는 경우가 많다는 것이 우리의 슬픈 현실이다. 유럽인들도 예전 같지는 않지만, 대체로 기분 좋은 매너로 배려한다. 나의 작은 배려가 다음에는 타인의 배려가 되어 나를 기분 좋게 할 것이다. 우리가 보낸 사랑이 결국은 다시 나에게 돌아오는 것이다. 결국 사랑의 실천은 나에게 주는 최고의 배려이다.

편견에 대처하는 자세

　유럽에서의 인종차별은 분명히 존재한다. 그러나 그 이유가 혐오라는 것 하나로 단정하기에는 분명히 한계가 있다. 이들에게는 보편적인 사회적 시스템이 있고 철저한 자정작용(어쩌면 '죄수의 딜레마 이론' 같은)에 의해 질서를 유지하며 평화롭게 살아왔었다. 처음 접하는 외국인들에게는 그 사회적 시스템에 어긋나는 행동들이 나타날 수밖에 없을 것이기에 이에 대한 충돌은 어쩌면 당연하다. 그들에게는 자국민이라도 사회 질서를 깨는 사람들에 대한 응징이 있었기에 이방인에 대한 인종차별을 조금은 다른 시선으로 볼 필요가 있다. 실제로 이들에게 나쁜 행동에 대한 적절한 응징은 건전한 사회의 유지를 위해 매우 중요하다. 그 응징은 말이나 가벼운 경고성 행동일 수도 있지만 때로는 화를 내기도 한다.

　인종차별은 불가피하니 인정하자는 게 아니다. 옹호하는 것은 더욱 아니며 어쩌면 미리 알고 대비하자는 뜻이다. 인종차별은 말 그대로 인종이 다르다는 이유로 차별 대우하는 모든 행위를 말한다. 내가 바라본 동양인에 대한 차별적인 대우를 보면 크게 2가지 이유가 있는 것 같다. 우선 첫째는 그들의 눈에 거슬리는 행동을 하는 문화적이거나 여러 가지 익숙하지 않은 다른 요인이 있겠다. 그들과 사회적 시스템이 다른 모든 나라의 사람들이 해당이 된다고 볼 수 있다. 또 하나는 동양인들이 그 들에 비해 체격이 작은 편이고 비교적 착하고 온순하다. 특히 국가적 대응이 미온적일수록 차별에 노골적이다. 쉽게 말해 그들에게 거슬리는 누구나 일단 대상이 되지만 차별을 표현하는 것은 봐 가면서 한다고 이해하면 된다. 실제로 흑인들이나 터키인, 중동인 그리고 동유럽인들에게는 차별적으로 대응하면 거칠게 반응하기 때문에 만만하게 다루지 못하고 상대적으로 쉬운 동양인들이 주요 대상이 되는 것 같다.

어학원에서 영국인들과 우리 동양인과의 관계를 비교해 보면 힌트가 될 수 있겠다. 우리나라와 일본, 그리고 중국 사람들이 선명하게 비교된다. 물론 예외도 있는 보편적으로 보이는 주관적인 생각이다. 우선 중국인들은 타인을 신경 쓰지 않는 편이다. 이로 현지인들이나 다른 나라 사람들에게는 무례하게 보일 수도 있다. 일본인들은 거의 차별을 느끼지 못할 정도로 인정을 받는 편이다. 속마음이야 어찌 되었든 겉으로는 하나 같이 친절하며 공공질서를 잘 지킨다. 그리고 '일본 문화(Japonism)'와 '세계 제2차 대전' 그리고 '경제'에서 세계를 호령한 적이 있는 나라이기에 보는 시선도 다르다. 우리나라는 일본인에 가까운 일본인과 중국인들 중간 정도라고 보면 될 것 같다. 유추하자면 중국인들은 우리가 봐도 거침이 없어 불이익을 당하면 크게 대들고 싸우는 편이라 그들도 참거나 선을 넘지 않는 선에서 차별하는 것 같다. 일본인들은 실제로 하나 같이 질서를 지키는 사람들이라 차별이 거의 없고 오히려 호감의 모습도 많다. 차별을 받아도 모르는 척

미안하다고 그냥 넘어가는 경우를 보기도 했다. 가끔 그렇지 못한 사람들도 있지만 한국인도 매너가 좋은 편으로 대체로 우리나라 사람들에게는 우호적인 편이다. 하지만 일단 그들 눈에 거슬리면 가끔은 심하게 차별하기도 했다. 이럴 때마다 비교적 영어를 잘하는 우리 젊은이들은 언쟁을 벌이기도 했다. 물론 전반적인 느낌이기에 다를 수 있겠지만 조심한다고 해도 편견과 차별적 대우는 분명히 겪을 수 있다. 그럼에도 그들을 먼저 이해하고 상황에 따라 현명하게 대처해야 하리라. 경험적으로는 일단 참는 것이 나중에 보면 적절한 대처일 때가 많았다.

또한 인종차별은 정말 어이없이 그것도 현지 이민자들에게 당하기도 한다. 현지에 정착한 이민자이기에 이미 인종차별을 당해 봤을 텐데, 만만한 상대에게 되갚는 모양새다. 미국에서 흑인들이 동양인에게 하는 것과 매우 유사하다. 한번은 런던의 홈스테이 근처 자주 방문하는 편의점(Coop)에 들렀는데 인도 출신으로 보

런던 거리에는 다양한 인종과 헤아릴 수 없는 나라의 사람들이 넘쳐난다.

이는 남성 점원이 계산하더니 계산이 끝난 물건들과 거스름돈을 나한테 무례하게 툭툭 던졌다. 처음에는 영문을 몰라 매우 불쾌했지만 참고 그냥 나왔는데 곱씹을수록 무례한 인종차별 행동이었다. 사실 나는 현지인한테도 인종차별을 받은 경험이 거의 없는 편이었는데 나에게 그렇게 행동하다니 너무 화가 났었다. 돌이켜 보니 그전에도 나에게만 화난 표정으로 불친절했으니 분명히 의도적 차별이었다. 다음에 다시 편의점에 갔고 드디어 기회가 왔다. 그 인도인 점원과 단둘이 상점 안에 있었다. 물건 몇 개를 집어서 똑같이 툭툭 던지며 계산대 앞에 섰다. 돈도 물론 툭 던졌다. 그러자 깜짝 놀라더니 갑자기 친절하게 돌변했다. 나도 살짝 긴장했지만 영국에서 인도인에게 받은 차별은 도저히 참을 수가 없었다. 결과적으로 효과가 있었다. 이후로 무례함은 완전히 사라지고 친절하게 응대하는 모습에 처음에는 왜 그랬는지 그 친구의 생각이 궁금했다.

인종차별을 겪으면 여행이 싫어질 정도로 심각하게 상처를 받기도 하지만 어지간한 것은 참고 슬기롭게 잘 대처하기를 바란다. 생각해 보면 우리나라에서도 별난 사람을 만나듯이 유럽에도 역시 다양하고 낯선 사람들이 있기 마련이다. 보통은 표면적으로 언어가 다르고 소통이 원활하지 않기 때문에 오해와 차별 행동이 발생한다고 오해하기 쉽다. 이렇게 눈에 보이는 이유로 차별하는 사람들은 인격적으로 부족한 사람들로 무조건 피해야 한다. 오히려 서로 다른 각각의 문화와 매너를 충분히 이해하는 것이 훨씬 더 중요하다. 잘못하면 그들에게 불편을 줄 수도 있고 나아가 한국인의 품격에도 영향을 주기도 한다.

아이들의 눈망울처럼 편견없는 세상을 꿈꾼다.

크리스천(Christian)

    여행이 어쩌면 색다른 호기심을 충족시키는 이국적 문화와 환경을 누리는 자체가 즐겁기도 하지만 묘한 이질감 같은 경험도 빼놓을 수 없다. 특히 유럽에서의 여행은 깨끗이 청소한 집에 초대받은 것 같은 조심스러움과 신경 쓰이는 어색함이 우리에게 늘 묻어 있다. 다른 외모와 언어적 한계, 그리고 고풍스러운 건물들과 잘 정돈된 거리 같이 밖으로 드러나는 것들도 있지만 서로의 관심사나 삶의 방식 그리고 지적 지향점도 많이 다른 것 같다.

    이들도 깊은 생각은 사치라고 느껴지듯이 바쁘게 살아가는 많은 블루칼라 스타일의 사람들도 많고 우리나라와 비교가 안 될 정도로 외국인 노동자들도 많다. 이방인의 눈에도 이들은 타인의 생각이나 매너를 크게 신경 쓰지 않고 사는 것 같았다. 반면에 그들만의 문화와 매너에 특히 신경 쓰며 살아가는 듯한 토박이들도 많았다. 즐거운 여행에서 나 같은 이방인은 현지인의 부정적인 반응으로 당황할 때가 종종 있다. 낯선 곳에서 누구라도 불편하고 불쾌한 경험을 당하는 걸 피할 수는 없다. 명백히 자신의 실수이거나 명백하게 인종차별적 대우라면 대응이 비교적 쉽고 명확하다. 자기 실수라면 거기에 맞게 사과하면 되고 인종차별적 행위라면 무대응을 선택하거나 싸울 정도로 언어 능력이 충분하다면 싸우면 되기 때문이다. (물론 분위기 봐 가며 싸워야 한다) 하지만 안타깝게도 어떻게 대응할지 몰라 당황스럽고 결과적으로 아주 아쉬울 때가 종종 있다. 대부분 문화적 차이 때문이었지만, 서로서로 조금 더 알았더라면 하는 아쉬움이 뒤늦게 밀려올 때가 있다. 이때 쉽고 간단한 해법이 있다. 즉, 그들은 기독교적 사회 시스템에서 기독교적 사고방식으로 살아온 사람들이기에 기독교적으로 접근하면 가장 빠르다. 쉽게 말해 그들은 보편적으로 크리스천(Christian)들이다.

그들의 상식과 문화 등 모든 사회 전반에 기독교적 문화와 시스템이 여전히 그들과 함께한다. 기독교 사상은 **사랑을 기반으로 이**타적이고 타인을 배려하는 것이 일상적이고 함께하는 공동체가 매우 중요하다. 그들에게는 기독교의 율법적인 사상도 아직도 많이 남아있다. 공동체의 질서를 무너뜨리거나 누군가의 명예를 훼손한다면 **"죄를 지으면 그에 상응하는 벌을 받는다."**로 응징하는 그들의 문화와 의식이 여전히 남아있음을 또한 알아야 한다.

유럽 어디를 가든 시내 중심에 성당이나 교회가 있고 그 앞에 광장이 있다.

이 같은 기독교적 시스템으로 일상을 사는 이들에게 불편함을 넘어 분노와 위기감을 느낀다면 평범한 이들도 심한 인종차별적 수모를 우리에게 표현할 수도 있다. 충분히 납득할 만한 실수가 있었다면 몰라도 이유 없는 차별과 편견은 여행을 망치기 쉽다. 한 나라에 대한 생각이 바뀌기도 하고 모든 여행에 대한 즐거움이 사라질 때도 있다. 그래서 가급적 서로를 이해하고 서로가 조심하기를 바란다. 물론 정말로 동양인을 인종차별적으로 비하하고 괴롭히는 수준 이하도 많다. 이들과는 어떤 설명이나 싸움도 시간 낭비이다. 오히려 우리와 싸워 스트레스를 풀려고 하는 사람들로 말 그대로 시비 거는 것이니 일단 무조건 피하는 것이 상책이다.

PART 2-3

유럽에서 배우다 - 운전 문화 이야기

『우리가 가장 시급하게 변해야 하는 한 가지를 꼽으라면 운전이라고 말하고 싶다. 이유는 운전 태도도 있겠지만 중요한 것은 운전하는 내내 그들은 진심으로 타인을 배려하고 존중하고 있다는 그 마음을 느낄 수 있었기 때문이다. 이는 스스로에게도 떳떳한 그 모습이다. 우리는 평상시에는 줄도 잘 서고 매너도 있지만 진한 유리창으로 나를 가리고 운전하는 순간 타인을 배려하는 마음도, 매너도 없는 다른 사람이 되곤 한다. 유럽에서는 이탈리아가 우리나라와 교통 시스템이 매우 유사하다. 우리처럼 고속도로에서도 과속카메라 위치를 친절히 알려 주는 나라는 이탈리아가 유일하다. 이탈리아는 다른 유럽에서는 거의 볼 수 없는 일명 매너 없는 추월이나 과속 같은 난폭 운전도 자주 볼 수 있다. 이탈리아 운전자들은 난폭 운전으로 유럽 내에서 악명이 높아 기피 1순위라고 하며 유독 사고도 많다고 한다. 이것을 보면 우리의 운전 문화가 엉망인 이유는 명확하다. 사람의 문제보다는 교통 시스템의 문제가 분명해 보인다.』

질서를 지키면 더 빨리 간다

유럽을 먼저 경험했던 지인의 강력한 추천과 단체 여행의 불편함으로 처음 렌터카 여행을 시작했다. 처음의 걱정과는 달리 생각보다 편하고 쉬워 유럽에 가면 차를 빌려 직접 운전하고 다니는 것을 선호한다. 유럽에 전에 방문했을 때인 20여 년 전에도 그랬지만 지금도 유럽은 직접 운전하는 여행에 최적임을 자부한다. 극히 일부 지역을 제외하면 일단 치안이 안정적이며 교통 법규만 잘 지키면 운전하기가 매우 쉬운 편이다. 한국에서도 비교적 운전을 많이 하는 편이기도 하지만 생각보다는 유럽에서의 운전은 쉽다. 물론 도로 교통 시스템이나 운전 방식이 우리나라와 다른 부분도 많다. 하지만 운전 법규와 기본 상식을 잘 지키며 운전하는 유럽이 훨씬 쉽고 편하고 사고가 날 확률도 적어 보였다. 또 중요한 것은 짧은 시간에 꽤 많은 거리를 이동하고 다녔음에도 우리나라에서 운전할 때보다 훨씬 덜 피곤했다는 사실이었다. 이유는 거의 모든 운전자가 철저하게 교통 법규를 준수하고 있었기 때문이었다. 혼자 빨리 가려고 뒤에서 위협적으로 운전하는 사람도 없고 방향지시등을 켜면 거의 양보하는 등 우리나라 교통 환경과는 사뭇 달랐다. 실제로 프랑스에서는 방향지시등을 켰는데 고의로 양보를 하지 않아서 사고가 나면 심지어는 살인미수 개념까지 확대해서 처벌한다고 한다. 유럽에서의 운전은 한마디로 이야기하면 교통 법규를 잘 지키는 운전이라고 할 수 있겠다.

　예를 들어 우리나라에서는 흔한 '우측 차선 추월'은 절대로 하지 않는다. 유럽에서 대략 6개월을 운전하는 동안 우측으로 추월하는 차량을 단 한 대도 본 적이 없었다. 신호를 지키는 것은 물론이고 '차선 변경 시 방향지시등'도 대부분 켜고 차선을 변경한다. 대부분이 '고속도로 80~130km, 시내 20~50km'의 제한 속도를 잘 지키는 편이었다. 조금 다른 점은 우리나라처럼 '과속 단속 카메라'가 있음을 미리 알려 주지 않고 꼭꼭 숨겨져 있다고 한다. 교민들 말로는 도대체 어디서 찍는지 모르겠지만 속도위반 하면 벌금 고지서가 배달된다고 한다. 확실한 한 가지는 운전할 때 교통 법규를 철저히 지키고 질서와 양보에 인색하지 않으면 오히려 더 빠르고 더 안전하다. 질서를 지키며 운전하면 모두가 빠르게 목적지에 도착한다.

앞이 비어도 왼쪽 검은 차를 추월할 수 없고, 왼쪽으로 가서 뒤 따라 추월해야 한다.

시내 주행이나 국도 운전 시 앞차와의 간격이 멀어지면 일단 불안해지는 우리나라에서의 운전과는 완전히 달라 천천히 간다고 무시하거나 뭐라 하는 차량은 거의 없다. 따라서 유럽에서의 운전은 우리에게는 생소한 교통 시스템인 회전교차로(지금은 많이 보급되었지만)나 우선 표지, ZTL 등 만 조심하면 유럽에서의 운전은 큰 어려움은 없어 보였다. 우리나라는 세계에서 손꼽히는 안전한 나라다. 무엇을 잃어버릴까 크게 염려하지 않을 정도로 시민의식이 높다. 식당이나 극장에서도 줄도 잘 서고 매너도 좋다. 그러다 운전대만 잡으면 돌변하는 사람들이 많고 평소와는 완전히 다른 모습을 보이기도 한다. 다른 운전자들을 배려하며 양보하거나 친절하게 운전하면 오히려 다른 운전자에게 무시당하는 빌미가 되어 초보 운전자나 민폐 운전자로 취급받기도 한다. 우리나라에서 운전은 참 어렵다.

우리나라의 위상은 많이 변했다. 1인당 국민소득 3만 불 시대에 K-Culture는 세계에 이름을 알리고 있다. 이처럼 우리는 성큼 선진국에 다가섰다. 하지만 운전 문화만큼은 선진국다워 보이지 않는다. 차가 가림막처럼 되어 있어 운전은 어쩌면 우리들 속마음의 상징과 같다. 배려하고 양보하는 운전이 절실하다. 우리의 운전 문화가 바뀌는 날이 비로소 우리나라가 진정한 선진국이 되는 날일 것이다. 우리나라가 새로운 미래를 향해 나아가는 첫 발걸음을 새로운 교통 문화에서 시작하면 좋겠다. 서로 배려하며 아무리 작은 법이라도 모두 알고, 지키는 도로 위의 성숙한 시민이 되기를 진심으로 바란다.

좋은 시스템을 갖춘 유럽의 운전문화

 교통 문제에서 우리나라와 유럽의 확연한 차이는 전반적으로 시스템에 있는 것 같다. 유럽의 교통 시스템은 사고가 났을 때 책임 소재가 비교적 명확하여 웬만한 경우 운전자끼리 싸우지 않는다. 그리고 도로 표지판은 아주 간결하고 운전 규칙도 최소로 제한한다. 그래도 전혀 부족하거나 불편하지 않다. 운전면허 취득부터 엄청 까다롭다 보니 초보 같은 운전자가 거의 없는 것 같았다. 실제로 독일에서 초보 운전자를 표시하는 'P' 스티커를 종종 봤지만 아주 서툰 운전자는 거의 없었다. 아마 운전면허 취득이 일단 매우 어렵고 시간도 오래 걸리기 때문인 것 같다.
 독일은 운전 면허 취득 과정에 심폐소생술 같은 응급처치 교육을 우선 포함한다. 이론과 주행 교육도 각각 의무적으로 매우 상 시간이 할당되고 여기에 특별 주행으로 외곽 도로, 고속도로, 야간 주행 등이 더해진다고 한다. 그래서 운전면허 취득까지 최소한 3~6달, 길게는 1년 정도가 소요된다니 운전면허를 따는 과정에서 숙련된 운전자가 되는 셈이다. 결론적으로 충분히 숙련된 운전자만이 운전면허를 가지고 실질적인 운전자가 되니 초보들도 결코 초보로 보이지 않는다. 또한 일정 기간 의무적으로 붙이고 다니는 초보 스티커 차량은 다른 운전자들도 엄격히 보호한다. 그리고 경험적으로 보면 일단 모든 차량은 시내에 들어서면 전부 초보처럼 운전해야 한다. 시속 50km 제한인 도로에서는 제한속도를 초과하는 차량을 볼 수가 없고 고속도로나 외곽으로 벗어나야만 속도를 낼 수 있기에 초보자라고 큰 어려움은 없어 보였다.

도로 표지판도 단순하지만 모두 유효하다. 예를 들어 제한속도 변경이나 진입 금지 표지판도 작아서 지나치기도 하지만 위반 시 누구도 작아서 볼 수가 없었다고 항의하지 못한다. 따라서 유럽에서 운전 시 매우 진지하게 임해야 하며 교통 법규는 반드시 지킨다는 각오로 운전해야 한다. 그리고 우리와는 아예 다르거나 새로운 표지판도 있으니, 사전에 운전 표지판에 관한 이해와 공부가 꼭 필요하다. 영국에 가면 동네 곳곳에 설치된 일명 '노란 등 횡단보도'는 신호등은 따로 없지만 보행자 우선이 절대적인 횡단보도이다.

노란 등 횡단보도는 무조건 보행자 우선이다. 이곳 사고는 무조건 운전자 책임이다.

실제로 이곳을 지나는 모든 운전자는 사람이 주변에 보이면 일단 멈추고 보행자가 지나가기를 기다린 후 지나간다. 처음 만난 현지의 가이드나 교민들이 처음부터 강조한 것이 있는데 나라마다 달랐다. 영국에서는 '노란 등 횡단보도'와 이탈리아에서는 'ZTL', 그리고 독일에서는 '직진 차 우선' 표지였다. 그 이유는 나중에 생각해 보니 한국에서는 없는 표지라서 처음 경험하는 많은 여행자가 실수하고 위반 시 심각한 문제가 되기 때문이었다. 비교적 눈에 확 들어오도록 표지판이 설치되어 인식하기도 쉽고 워낙 이에 대한 경고가 인상적이어서 다행히 실수는 없었다.

또한 유럽은 어떤 사고가 발생해도 모호하지 않고 명확히 책임이 구별되는 경우가 대부분이다. 현지 교민들이 '노란 등 횡단보도'에서 조심할 것을 강조한 말이 기억난다. "거기에서(노란 등 횡단보도) 사고가 나면 묻지도 따지지도 않고 운전자 책임이에요." 이처럼 쉽고 명료할 수 있을까. 유럽의 교통 시스템은 운전자들이 교통 법규를 철저하게 지키도록 쉽고 편리하게 갖추어져 있다. 그리고 쉽고 편리한 규칙마저도 지키지 않는 운전자들은 과감하게 퇴출시킨다. 처음에는 벌금을 부과하고 안 되면 곧바로 면허를 정지하거나 취소한다.

유럽의 도로는 운전자의 편리와 안전을 위해 노력한 흔적이 많이 보인다. 금지 사항이나 주의 사항은 것들은 크든 작든 표지판으로 표기가 되어 있고 없더라도 상식적으로 서로 간의 약속으로 정해져 있어서 반드시 지켜야 한다. 사전에 명확하게 구분이 되니 사고 발생 시에도 책임 소재가 대부분 확실하다. 그리고 우회전이든 좌회전이든 직진의 경우에도 교통 신호 체계가 매우 합리적이고 편리해서 그대로 따르는 게 훨씬 안전하고 편리하며 빠르게 도착한다. 유럽 전반적으로 법과 질서를 지키는 다수의 선량한 사람들은 철저히 보호하되 지키지 않는 소수는 퇴출하는 분위기가 운전을 비롯한 사회 시스템에 그대로 드러나 있었다. 나쁜 운전자들이 개선되거나 개선되지 않으면 퇴출함으로 유럽에서의 운전은 안전하고 평화롭다. 점점 개선되고는 있지만 운전에 대한 스트레스가 여전한 우리 정서와는 아주 다르다. 우리 국민의 안전을 위해 전반적인 교통 시스템을 속히 점검하고 재정립해야 할 것 같다.

횡단보도에는 차가 오는 방향을 확인하고 건너라는 큰 글씨가 보인다.

영국의 횡단보도 모습이다. 차가 오른쪽에서 오니 오른쪽을 확인하고 건너라는 경고문이 있다. 매우 직설적이고 간단하지만 효율적인 표식이라 생각한다. 차가 오는지 확인하지도 않고 길을 건너다가도 이 경고문을 보면 한 번 더 차가 오는지 확인할 것 같다. 유럽의 교통 표지판은 가장 필요한 것을 선명하게 강조하여 단순하면서도 효과적으로 운전자나 보행자에게 각인시킨다.

직진 차량 우선 표지판(노란 마름모)과 커브에서 끼어들기 주의 표지

빨간색 원으로 표시된 일명 'ZTL(교통 제한 구역)' 구간은 이탈리아 도심에서 절대로 들어가면 안 되는 구역으로 위반하면 벌금이 어마어마하다. 주로 로마의 구도심이나 주택가에 설치되어 있다.

과속 카메라(노란 박스)　　ZTL 표지판(빨간 원)

유럽에서는 이탈리아를 제외하고는 과속 카메라 위치를 알려주지 않는다.

　이탈리아를 제외하고 대부분의 유럽에서 과속 단속 카메라는 어디 있는지 알 수 없도록 꼭꼭 숨겨져 있다. 특히 스위스 같은 경우는 몰래카메라처럼 상상하기 어려운 곳에 감추어 두었다고 한다.

　주유소에서는 거의 다 셀프로 주유한다. 계산하는 방법은 우리와 약간 다르다. 신설 주유소는 우리처럼 주유기마다 신용카드를 꽂아서 결제하는 방식이지만, 보통 일단 비어 있는 주유기에서 직접 주유하고 출발 전에 주유기 번호와 주유량을 건물 안의 사무실에 들어가서 말하고 결제한다. 편의점처럼 운전자에게 필요한 물품도 판매한다. 손님을 자연스럽게 매장 안으로 유도하여 손님은 필요한 운전 용품을 바로 살 수 있어서 편리하고 주인은 매출이 커질 테니, 서로에게 좋은 것 같다. 예를 들어 지도나 음식 그리고 자동차용품은 거의 필수이고 규모가 큰 주유소는 지역의 특산품이나 기념품 등도 판다. 스위스에 가면 유명한 스위스 칼을

유럽의 주유소 사무실은 보통 편의점 같은 상가가 옆에 붙어있다.

팔고 이탈리아에서는 스파게티나 올리브유도 판매했다. 시중에서의 편의점보다 비싸지 않고 품질도 믿을 만하다. 오히려 더 저렴하게 할인해서 파는 경우도 가끔 있다. 커피와 크루아상 같은 빵부터 스파게티나 치킨 같은 음식까지도 판매하는 주유소도 있다. 커피나 빵도 맛이 괜찮은 편이다. 주유소마다 운전자에게 필요한 특색이 있는 물건들이 구비되어 있어 주유소를 둘러보는 재미도 지루한 운전 길에서는 쏠쏠하다.

무엇이 유럽과 우리나라의 교통문화를 이토록 극명하게 차이가 나도록 했을까? 한마디로 요약하자면 "합리적인 교통 시스템"이다. 유럽은 합리적인 교통 시스템을 만들고 끊임없이 개선하면서 아무리 사소하더라도 철저하게 지키도록 한다. 즉 운전자의 요인보다는 교통 시스템 전반의 요인이 훨씬 더 중요하다고 단호히 생각하게 되었다. 먼저 가급적 누구나 다 쉽게 지킬 수 있는 교통 법규와 교통 환경을 만들고 두 번째는 일단 만들어진 규칙은 철저히 지키도록 강제한다. 안 지키는 사람들 특히 반복해서 위반하는 사람들은 아예 운전을 금지할 정도로 철저하게 규제한다. 한 예로 스위스는 속도 위반 카메라에 찍히면 벌금이 무려 최고 100만 원 정도라고 한다. 그래서 스위스에서는 아무도 없는 산길에서조차도 제한 속도를 유지하며 다녔었다.

모든 교통 시스템은 매우 단순하다. 오히려 집중하기 편하고 안전하다.

세상에 나쁜 민족은 없다

　나는 전국의 공장들을 상대하는 일을 주로 해왔다. 그래서 오랜 기간 직접 운전하여 전국을 다녔다. 고속도로에서 흐름에 맞추어 앞 차와 안전거리는 비교적 지키는 편이었지만 흐름을 깨지 않으며 과속이나 끼어들기는 물론 우측 차선 추월도 주저하지 않았다. 유럽에 가기 전에 나는 대한민국의 모범적인 완벽한 운전자라고 생각했다. 그런데 유럽에서 직접 운전한 후 내 생각이 많이 잘못되었음을 통감했다. 내 운전 습성뿐만 아니라 어쩌면 많은 부분에서 내가 우물 안의 개구리였음을 느꼈다. 이 글을 쓰고 있는 나 자신도 운전이라는 주제가 썩 어울리지는 않다는 생각이지만 이토록 우리의 운전 문화 이야기를 하지 않을 수 없는 이유가 있었나.

　먼저 이탈리아의 경우이다. 유럽에서는 이탈리아가 우리나라와 교통 시스템이 매우 유사하다. 예를 들어 유럽의 고속도로에서도 과속 카메라 위치를 친절히 알려주는 나라는 이탈리아가 유일하다. 유럽의 여러 나라를 운전하다가 이탈리아에 들어서면 우리나라에서 많이 본 듯한 운전자 들이 있다. 카메라 위치를 사전에 알려주는 친절한 안내 덕분인지 많은 운전자가 과속하다가 카메라 앞에서만 속도를 줄이는 경우가 많다. 다른 유럽에서는 거의 볼 수 없는 일명 '칼 치기' 추월이나 과속 같은 난폭 운전도 자주 볼 수 있다. 실제로 이탈리아 운전자들은 우리나라 운전자들과 매우 유사하게 운전한다. 이탈리아에 가면 잠깐이지만 고국의 향수 같은(?) 마음이 들어 씁쓸한 마음이 든다. 두 나라 모두 교통 시스템의 단추를 잘못 끼운 걸 새삼 느꼈다. 이탈리아 운전자들은 난폭 운전으로 유럽 내에서 악명이 높아 기피 1순위이고 유독 사고도 많이 낸다. 이제 우리의 운전 문화가 엉망인 이유는 명확하다. 민족성을 운운하는 것은 모두 틀렸다. 즉 사람의 문제보다는 교통 시스템의 문제가 분명해 보인다. 운전면허 취득부터 시작되는 교육을 비롯한 운전 시스템의 개선이 절실했다.

또 하나는 유럽의 운전자들에게서 미묘한 변화가 보였다. 대략 20년 전에 내가 운전할 때 특히 독일의 운전 환경은 그야말로 완벽했다. 누구 하나 교통 규칙을 위반하는 사람이 없었고 어느 하나 배려하지 않는 사람이 없다고 생각될 정도로 그들의 운전은 완벽에 가까웠다. 그런데 20년이 지나 이번에 보니 오히려 매너와 배려가 없는 등 예전만 못했다. 정말로 의외였다. 우선 이번에 여행하는 동안 그들이 운전하는 걸 보니 고속도로 1, 2차선에서 마이웨이 정속 주행을 하거나 무리하게 끼어드는 등 무개념으로 운전하는 사람들도 자주 보았다. 이상해서 운전자를 다시 살펴보면 대부분은 현지인이 아니고 동양인 여행객과 중동의 이민자나 동유럽 사람들로 보였다. 문제는 현지인들의 반응인데 조금만 헤매거나 다르게 운전하면 경적을 울리거나 상향등을 켜기도 했다. 심지어 보복 운전하는 것 같기도 했다. 이전에는 전혀 볼 수 없었던 지극히 감정적 대응에 흐트러진 모습이라서 많이 놀랐다. 그리고 가끔 상점에서도 이유는 잘 모르지만, 큰소리로 화를 내거나 매너 없이 행동하는 사람들도 있었다. 이 사람들에게 이런 모습이 있었나, 많이 놀랐다. 나중에 들으니 유럽 사람들이 중동과 아프리카 난민들이나 동유럽 이민자들 그리고 해외노동자들과 여행객들 때문에, 큰 스트레스를 받아 가끔 화풀이 한다는 이야기가 들린다.

 이를 보면 지금의 유럽은 과도기적 혼돈의 시대를 살고 있는 것 같았다. 평화롭게 살던 유럽인들에게 많은 이방인으로 이성을 잃을 정도의 스트레스가 함께하는 모양새다. 20년 전에는 이들의 완벽에 가까운 행동과 국민성을 많이 부러워했지만 이처럼 흐트러지고 화를 내는 모습을 보면서 이들도 우리와 비슷한 사람들이라는 생각에 많은 감정이 오갔다. 유럽과 우리나라가 다른 것은 사람 자체의 영향보다는 그들을 통제하고 유도하는 사회적 시스템의 영향이 더 크다는 생각이 들었다. 그러하기에 시간이 걸리겠지만 그들도 언젠가는 지금보다는 더 안정적인 사회 시스템으로 다시 돌아갈 거라는 확신도 들었다. 역설적으로 우리도 사회적 시스템만 바뀌면 이들처럼 서로 배려하는 사회가 되겠다는 희망이 생기게 되었다.

 요즘 TV에 <세상에 나쁜 개는 없다>라는 프로그램이 있는데 이를 조금 흉내 내면 "세상에 나쁜 민족은 없다."라고 말하고 싶다. 유럽을 여행하는 내내 나는 철저히 법을 준수하며 지냈다. 유럽의 강력한 시스템 안에서 주변의 다른 사람들이 모두 법과 매너를 지키니까 우리 같은 이방인들도 자연스럽게 그대로 하게 되었다. 결국은 좋은 시스템이 좋은 사회를 만든다는 사실을 격렬히 공감하는 순간이었다.

다양한 매력을 가진 이탈리아에서의 운전은 우리와 비슷하다.

남에게 피해 주지 않겠다. 절대로…

　유럽인들의 삶을 보면 철저하게 남에게 피해를 주지 않으려고 노력하는 모습이다. 운전할 때도 남에게 피해를 주지 않으려는 그 마음이 그대로 드러난다. 독일 고속도로의 운전 시스템은 차종과 상관없이 가장 우측부터 주행하여 점차 왼쪽 차선으로 추월하며 주행하는 시스템이다. 속도 제한이 없는 독일의 고속도로인 아우토반(Autobahn)에서도 맨 오른쪽 차선이 비어 있으면 맨 오른쪽 차선으로 가서 운전한다. 승용차라 해도 4차로가 비어 있을 때는 4차로로 주행하다가 추월할 때만 3차로로 가서 추월하고 4차로가 비어 있으면 4차로로 다시 들어간다. 우리처럼 1차선이나 2차선에서 자기만의 속도로 주행하는 차량은 거의 없다. 차선 변경이 필요하면 미리 한다. 이들은 일반 국도나 시내 주행 시 차선을 변경하는 차들이 아주 드물게 눈에 보인다. 급하게 차선을 바꾸는 경우는 더더욱 없다.

　시내 주행이나 국도는 모든 차가 제한 속도와 비슷한 속도로 달린다. 예를 들어 시속 80km 제한 속도의 도로에서는 대다수가 시속 80km 정도로 달린다. 특이하게도 이보다 느리게 가는 차들도 거의 없다. 이들에게는 다른 차들보다 유달리 천천히 가는 차량도 교통 흐름에 방해가 된다고 생각하는 모양이다. 즉 모든 차가 그냥 앞차와 안전거리 확보하며 주행을 해도 전혀 방해가 되지 않으니 차선을 옮길 이유가 별로 없다. 고속도로도 상습 정체 구간이나 터널구간은 제한 속도가 조금 줄어들고 거의 모든 차가 줄어든 제한 속도와 유사한 속도로 안전거리만 유지한 채 달린다. 고속도로에서도 빠져나갈 차량은 2~3km 전부터 미리 맨 우측 차로로 주행하며 빠져나갈 준비를 한다. I/C 바로 앞에서 나가겠다고 끼어드는 차량은 당연히 거의 없다.

그리고 차선 변경 시에도 100% 방향지시등을 켜서 뒤차에 양해를 구하고 충분히 여유가 되면 끼어든다. 우리와 조금 다른 점은 방향지시등을 켰을 때 뒤차가 상향등을 켜는 것은 들어와도 좋다는 뜻이다. 이때는 우리나라에서의 습관처럼 들어가려다 멈칫해서도 곤란하다. 뒤에 오는 운전자에게 혼란을 주기 때문이다. 이처럼 운전하는 내내 남에게 피해를 주지 않으려 노력하는 모습과 남을 배려하는 그 마음이 고스란히 다른 차에 전달되는 것 같았다.

유럽인들은 앞차 뒤를 바짝 붙어 운전하는 무언의 압박을 모욕이라 생각한다.

더불어 우리는 차와 운전을 대하는 자세부터 바뀌어야 할 필요성이 간절했다. 그들은 운전에 임하는 자세가 매우 진지하다. 유럽에서는 모든 차가 제한 속도 이내로만 주행해야 하니 느긋하게 여유 있는 운전을 자연스럽게 하게 된다. 옆 차선에서 과속으로 추월하면 마음이 급해져 덩달아 바쁘게 운전하는 우리와 분위기가 다르다. 중요한 것은 모든 운전자가 운전대를 잡는 그 순간부터 규정된 속도로 안전하게 운전하겠다는 마음가짐이다. 나는 바쁘니 조금이라도 빨리 가겠다는 이기적인 운전자들의 마음이 본질적으로 바뀌어야 한다. 무질서한 운전자 한 사람이 시작하여 운전 질서는 엉망이 되고 만다. 다 같이 빨리 가고 안전하게 도착할 수 있도록 차라리 조금 일찍 출발하는 습관을 들이는 게 좋을 것 같다. 상습적이며 이기적인 일부 운전자들의 과속과 난폭 운전이 우리 모두를 운전 지옥에 빠뜨린다. 도로는 공용 공간인데 나 혼자 빨리 갈 수 있고 내가 내 차를 운전하기에 나 혼자 아무렇거나 운전해도 된다고 생각하면 큰 오산이다.

그런데 유럽인들이 운전 법규를 잘 지키는 근본적인 이유는 운전자가 법을 지킬 수밖에 없도록 유도하는 교통 시스템 때문이었다. 교통법규를 최대한 쉽게 지키되 어길 때는 과감히 책임을 지고 손해를 감당한다. 즉, 스스로 지키지 않을 수 없도록 유도한다. 사소해 보이지만, 결단코 사소하지 않은 교통법규를 누구나 당연히 준수하는 그날을 손꼽아 기대해 본다.

7년의 유학 생활

 업무로 독일 프랑크푸르트(Frankfurt)를 방문했을 때 운전과 안내를 해줄 가이드가 필요해서 지인으로부터 독일에서 학업 중인 한국인 유학생을 소개받았다. 그 유학생 가이드분과 며칠 동안 함께하면서 자연스럽게 다양한 이야기를 나눌 기회가 있었다. 그중에 흥미로운 게 운전 습관과 운전 문화 이야기였다. 독일은 전체적으로 산이 많은 편인데 특히 프랑크푸르트는 도심에서 약간만 벗어나도 제법 산속 같은 숲이 나오고 그 숲길을 달리다 보면 다시 다른 동네가 나오는 경우가 많았다. 한번은 한적한 산속의 삼거리에서 신호를 기다리는데 빨간 불 정지 신호에 차도 우리 차 하나이고, 보행자도, 아무도 없었다. 그대로 멈추고 하염없이 기다리는 모습이 의아했다. 그전부터 아무도 없는 도로를 답답할 정도로 조심스럽게 운전하는 이유가 조금 궁금했다. 옆에 있는 가이드인 한국인 유학생에게 독일에 온 지 몇 년 되었냐고 물으니 7년이라고 했다. 그러면 지금까지 혹시 독일에 와서 교통법규를 위반해 본 적이 몇 번 있냐고 물었다. 당연히 몇 번은 있을 거라는 예상과 달리 "지금까지 한 번도 위반해 본 적이 단 한 번도 없었어요. 독일은 위반하면 반드시 걸리니 위반해 볼 생각조차 단 한 번도 해본 적이 없어요."라고 말했다. 생각조차 하지 않았다는 말이 충격적이었다. 나중에 듣기로는 교민들도 어쩌다 위반하면 누가 찍어서 신고하는지 몰라도 적발된다고 했다.

실제로 요즘은 우리나라 운전자들이 다른 나라에서 운전해 본 경험이 많다. 아마 나를 포함해서 운전자들 대부분은 그 유학생처럼 다른 나라에서 신호 위반 같은 교통법규를 위반할 생각을 차마 안 했을 것 같다. 낯선 이국땅에서 문제가 될 가능성이 크기 때문이다. 그리고 다들 우리나라의 운전과 비교하며 한국에 돌아가면 법규를 잘 지키는 운전을 해보리라는 생각들도 한 번쯤은 해봤을 것이다. 나도 우리나라에 돌아와서 실제로 규정 속도를 지키는 것을 비롯하여 우측 차로 추월도 하지 않고 신호 대기 중 방향지시등 켜기 등을 포함한 유럽의 교통문화를 시도해 봤는데 막상 운전하기가 쉽지 않았다. 규정 속도를 지키거나 앞 차와 차간 거리를 유지하며 가노라면 뒤차가 안절부절 내 차를 추월할 기회만 엿보았다. 운전하는 사람도 신경이 쓰이고 이래저래 민폐가 되어 무엇보다 위험해서 결국 흐름에 맞추어 운전할 수밖에 없었다. 그게 오히려 안전할 것 같았다. 우리나라에서는 법규를 완벽하게 지키며 운전하는 게 아직은 융통성이 없는 민폐가 되니, 슬픈 현실에 마음이 무겁다.

우리는 오늘도 많은 사람들이 바쁘게 살아간다. 그러나 각자가 열심히 살아가는 미래가 과연 최선인지에 진지한 의문이 든다. 바쁘다는 이유와 그런 습관으로 각자가 따로 열심히 사는 것으로 우리 모두 함께 행복하게 살 수 있는 기회를 놓치는 것은 아닌가? 하는 생각이 문득 스쳤다.

공사중

유럽에서도 운전하면서 도로에서의 공사 구간은 생각보다 많이 만난다. 그러나 하나 같이 우리와 같은 극심한 정체는 거의 없는 편이다. 보통은 약간의 속도가 줄어드는 정도로 끝나는 경우가 대부분이다. 그 이유는 매우 훌륭한 질서유지의 영향이 크고 임시 표지판을 비롯한 공사 운행 시스템도 적절히 잘 작동되는 것 같다. 우리는 간혹 임시 교통 표시가 실제와 다른 경우도 자주 보이지만 유럽의 경우 이런 경우는 거의 없다고 보면 된다.

공사 중인 임시 표지판과 임시 속도도 절대적인 권위가 있다. 모든 운전자가 철저히 준수한다. 이는 법규를 잘 지키기도 하지만 그 법규가 가장 합리적인 교통 시스템이 되도록 많이 노력하기도 하기 때문이다. 곳곳에서 운전자가 불편하지 않도록 많이 연구하고 신경을 쓴 느낌을 받는 경우가 많다. 공사 중에도 기본적으로 차선이 줄어들지 않도록 적절히 차선을 변경하여 유도하되 필수적으로 제한 속도를 줄여서 운용한다. 이 경우에도 임시적인 제한 속도를 어기는 차는 단 한 대도 없다. 어쩌다 차선이 줄어드는 경우도 양쪽에서 서로 양보하며 한 대씩 운전하는 것이 거의 불문율처럼 지키며 운전하기에 모든 차선이 일관되게 정체되고 모든 차선이 같이 움직이니 무질서하게 서로 차선 변경하는 모습도 보이지 않는다. 이렇게 조화롭게 운행하는 도로를 보며 질서의 유지가 모든 운전자에게 가장 빠르고 안전하다는 진리를 실감하는 순간이다.

또한 2차선 도로에서 1개 차선을 차단하고 공사하여 1개의 차선으로 차가 교차로 주행해야 할 경우 수신호가 아닌 임시 신호등을 설치하여 운영하는 경우가 더 많다. 우리에게는 익숙하지 않은 낯선 길을 만나도 주변에 있는 표지판과 임시 신호등을 확인하고 녹색 등이 들어오면 주행하고 빨간 등에서는 멈추면 된다. 이와 같이 유럽에서의 교통 시스템은 비교적 합리적이며 기본적으로 통제나 억압이 목적이 아닌 운전자나 보행자를 최대한 배려한 인상을 받는다.

이들은 이웃 국가들의 좋은 시스템은 받아들이기도 하지만 가장 합리적이고 편리한 시스템을 꾸준히 연구하고 적용한다. 예를 들어 고속도로에서 상습 정체 구간이나 터널 구간은 아예 제한 속도가 20% 정도 줄어드는 경우가 많다. 그런데 이곳에서의 운전이 정말로 놀랍다. 차들이 모든 차선에서 동일한 간격으로 차간 거리를 유지하며 모든 차가 제한 속도와 유사하게 함께 달린다. 추월하려고 차선을 바꾸거나 속도를 높이는 차는 당연히 보이지 않는다. 4차선 도로라고 하면 1차선부터 4차선까지 모든 차가 서로 간의 간격을 유지하며 거의 같은 속도로 운전하는 모습은 신기하다. 독일 아우토반에서 무제한으로 달리던 차들 앞에 출입이 빈번한 대형 I/C 구간은 당연히 정체가 예상되지만 이렇게 질서 있게 운전하니 정체도 거의 없이 빠져나가는 경우가 많아 신기했다. 여기에서 깨달은 진리는 모든 차가 같은 속도로 달리면 사고는 절대로 일어나지 않는다는 사실이다. 과학적인 연구를 많이 하여 교통 시스템에 적용한 느낌이었다.

 유럽은 상호 교류가 매우 활발하여 이웃 나라의 좋은 시스템은 옆 나라로 빨리 전파되는 경우가 많다. 서로가 좋아지는 선순환이 활발하다. 우리도 이웃 나라와 자동차로 상호통행을 한다면 지금의 교통문화보다 더 좋아졌을 거라는 생각도 문득 들었다. 유럽 대부분의 운전 규칙은 우리와 획기적으로 다르지는 않다. 그러나 우리는 지켜지지 않는 규칙이 많이 있지만 유럽은 거의 없다는 것이 가장 큰 차이다. 그리고 농담처럼 이야기하는 우리의 민족성 어쩌고 하는 이야기는 정말이지 말이 안 된다고 생각한다. 합리적인 교통 시스템에 관한 연구와 적용 그리고 교육 등 전반적인 교통 시스템이 부족한 것 뿐이다.

영국의 과속 카메라는 속도를 줄이라는 건지, 뒤에서 뒤쪽 번호판을 촬영한다.

K-Drive
. . . .

유럽에서 6개월 정도를 직접 운전을 하며 다녀보기 전에는 우리나라의 운전 문화가 이렇게 다른 줄 몰랐다. 그냥 바쁜 사람들의 '빨리빨리 문화'쯤으로만 생각했다. 우리나라의 거친 도로에서 적응된 운전 실력 덕분에(?) 독일 아우토반의 무제한 도로를 질주하면서도 처음에는 겁도 없이 그들과 함께 달리기도 했다. 실제로 우리나라 운전자들 정도면 얼마든지 일반 도로에서 현지인처럼 문제없이 운전이 가능하고 조금 하다 보면 오히려 쉽고 편하다.

단 그들과 독일 아우토반에서 속도 경쟁만큼은 나의 큰 오산이었다. 독일 운전자들이 아우토반을 내달리는 운전 실력은 거의 'F1' 레이싱을 능가하는 수준이었다. 빠르게 달리는 차들 대부분은 좋은 성능으로 무장한 차들이었고 감히 범접할 수 없을 정도의 운전 고수들이었으니 실력과 경험에서 감히 그들의 적수가 되지 못했다. 평상시에 어떻게 참고 운전하고 있었는지 절로 고개가 숙여졌다. 실제 아우토반에서 이방인들과 현지인들이 속도 경쟁을 하다 대형 사고가 일어난다니 절대 주의해야 한다. 한편, 우리한테는 익숙한 운전 행태가 알고 보면 불법이거나 그들 눈에는 매너 없는 파렴치한 운전이었다는 것을 나중에야 깨닫고서 많이 부끄러웠다. 사실 운전 문화와 교통 시스템을 운운하는 것 자체가 분수에 맞는지 잘 모르겠지만 조금이나마 개선되기를 바라는 마음으로 이렇게 용기를 내본다.

매우 복잡한 교통 표지판들은 집중력이 떨어지기도 한다.

유럽에서의 표지판들은 반드시 있어야 할 것들만 반드시 그 자리에 설치되어 있다. 아무리 중요해도 중복된 경우도 거의 없다. 그러다 보니 낯선 도로에서 운전하는 나 같은 이방인은 놓치거나 찾기가 쉽지 않다. 운전자가 찾지 못했을 뿐 교통 당국의 책임은 아니기에 미리 알아두고 꼼꼼히 찾아야 한다. 그래도 다행히 대부분의 교통 표지판은 인식하기 쉽고 명료해서 이방인 운전자의 시야에도 들어왔다. 또한 사소한 표지판이라도 현장 상황과 다르게 설치된 경우도 거의 없었다. 예를 들어 '공사 중'이라는 임시 표지판 뒤에, 반드시 공사 구간이 나왔고 차들도 제시된 변경 속도를 준수했다. 임시 교통 표지판들은 정확히 설치되었고 운행도 철저했다.

우측 차선으로의 추월은 불법이며 새치기이다.

전에는 잘 몰랐는데 유럽에서 운전해 보니, 교통법규에 어긋나는 운전이 많이 있었다. 가장 대표적으로 우측 차선으로 추월하는

같은 내용의 교통표지판 3개가 보이니 오히려 집중력이 분산된다.

것이었다. 우리나라 고속도로에서는 추월차선인 1차선에서 정속 주행하는 차들이 많다. 그래서 이 차를 추월하려고 비어 있는 우측 차선으로 끼어들며 추월하곤 한다. 유럽에서는 내가 6개월 정도 운전하면서 이런 경우를 단 한 번도 본 적이 없었다. 일종의 불문율 같은 것이었다.

또한 우리나라 운전자 상당수가 지키지 않아 어느 것이 맞는지 혼란스러운 게, 차선을 변경할 때 방향지시등 켜다. 우리는 대체로 방향지시등을 켜지 않는 경우가 많고 켬과 동시에 끼어들기도 하지만, 유럽에서는 당연히 대부분 사전에 방향지시등을 켜고, 뒤차 운전자의 양해를 확인한 후에 차선을 변경한다. 방향지시등을 켜지 않는 것 자체가 사실은 불법이다. 그리고 IC에서 진입하는 차들이 고속도로 본선이 정체 중인데 진입 차선 앞으로 계속 진행하며 끼어드는 것도 불법이고 운전자 뒤에서 갑자기 끼어드는 일명 '칼 치기'도 불법에 매우 매너 없는 운전이다. 앞차 뒤에

바짝 붙어서 무언의 압력을 가하는 운전도 매너 없기는 마찬가지다. 이런 비신사적인 운전은 유럽인들에게 심한 모욕이기 때문에 뒤쫓아가 싸우기도 하고 때로는 엄청난 보복 운전을 하기도 한다고 들었다. 물론 이런 매너 없는 운전자들을 유럽에서 실제 만나기는 하늘의 별따기 만큼이나 어렵다. 대부분은 배려하며 운전 매너를 지킨다.

모든 차가 같은 속도로 이동하면 사고는 일어나지 않는다.

운전하다 보면 갑작스럽게 공사나 사고 때문에 정체 구간을 통과할 때도 있고 고속도로 분기점(JC 또는 JCT)이나 고속도로 나들목(IC) 같은 상습 정체 구간을 만나기도 한다. 이때 반드시 한 대라도 앞으로 먼저 가겠다고 위험하게 추월하는 차들이 있다. 파렴치한 새치기 운전이다. 당연히 주변 차들은 전체적으로 감속하며 줄어드는 차선과 속도에 대비하면서 운전해야 한다. 모든 차가 같은 속도로 적당한 안전거리만 유지하면 절대로 사고는 일어나지 않는다. 너무나 간단한 진리를 유럽에서 운전하면서 깨달았다.

유럽의 도로에는 IC 주변, 터널 구간, 톨게이트(TG) 주변처럼 상습적인 정체 구간은 속도를 20% 정도 감속하도록 규정한다. 이 구간에 진입하는 운전자들은 모든 차가 철저히 주변 차들과 유사한 속도로 보조를 맞추어 물이 흐르듯 운행한다. 갑작스럽게 만나는 공사 구간이나 사고 구간도 마찬가지이다. 다른 차보다 빠르게 앞질러 가거나 속도를 너무 줄이지도 않고 서서히 함께 줄이고 함께 속도를 낸다. 아주 인상적이었는데 모든 운전자 중 누구 하나 빨리 가려는 모습이 보이지 않았다.

결과적으로 승용차부터 화물차까지 전체 차선에서 거의 유사한 속도로 움직이며 정체 구간도 크게 불편함이 없이 나올 수 있었다. 이런 운전은 반드시 모든 운전자가 동시에 함께해야만 효과가 있다. 누군가 더 빨리 가려고 일탈하는 순간 바로 무질서한 난장판이 되고 말 것이다. 그런 예상이 무색하게 이들은 하나같이 질서 정연하게 동시에 속도를 줄였고 차선이 줄어들면 마치 번호표를 뽑듯 순서를 유지했다. 얼마든지 더 빨리 갈 수 있음에도 각자의 순서를 반드시 지켰다. 아마 철저하게 교육을 받지 않고서는 도저히 상상할 수 없는 절제와 배려의 약속이고 믿음이었다. 그래서 이론 교육을 비롯한 시스템 개선의 필요성을 절대적으로 실감하는 순간이었다. 서로 배려하고 질서를 지킨 덕분에 결국은 이들이 운전자 모두가 정체 구간도 쉽고 빠르게 벗어난다. 서로 배려하는 모습에서 존중받는 느낌은 물론 헤아릴 수 없는 좋은 감정이 밀려온다. 덕분에 기분도 너무 상쾌하다.

운전 문화 이야기

　우리는 유럽인들과 비교하면 우리는 자신의 진짜 모습을 많이 가리고 사는 것 같다. 일종의 "아바타(Avatar)" 같은 모습으로 살아가기에 우리는 본연의 '나'와 보이는 '나'가 많이 다르다. 어쩌면 보이는 외양적인 모습은 엄격히 말하면 가짜 모습이라 할 수 있다. 때로는 본연의 "나"를 알아야 할 필요가 있는 경우가 있어서 여론조사나 지지율 같은 조사도 같은 맥락이 아닐까 생각된다. 현재 우리나라에서 본연의 '나"를 가장 잘 보여주는 곳이 익명의 공간인 인터넷 댓글과 운전 문화 두 가지 정도가 가장 먼저 떠오른다. 그러나 인터넷 댓글도 어느덧 댓글부대 등의 활약으로 본연의 "나"가 사라지고 많이 왜곡되고 있다. 현재는 본연의 "나'를 가장 잘 보이는 대표적인 공간이 바로 운전 문화라고 생각된다.

　우리의 운전은 법은 있으나 지켜지지 않는 법들이 많은 것 같다. 법이 있어도 지켜지지 않으니 이성적 판단보다는 주관적 감정과 본능에 치우치기 쉽다. 즉 운전하면서 각자 자신의 솔직한 본연의 모습을 그대로 드러내는 경우가 많다. 본능적으로 다른 사람들이 나를 앞서가는 게 불편하고 싫거나 괜한 경쟁심을 느끼기도 한다. 경쟁이 치열한 사회의 모습이 운전할 때도 그대로 나타난다. 운전마저 다른 사람보다 앞서려고 경쟁한다. 도로 위에서 운전자를 서로 보호하고 배려하며 이해하기보다 타인의 무례와 이기적인 운전을 증오하고 분노하며 우리는 날로 피폐해져 간다. 말도 안 되는 사소한 일에 타인을 점점 증오하고 경쟁하기에 바쁘니 배려와 사랑은 점점 힘을 잃어간다.

질서를 지켜가는 많은 운전자 사이로 일부 운전자들이 질서를 깨뜨린다. 심지어 질서를 지키며 배려하는 운전은 대표적인 민폐 운전으로 취급 받기도 한다. 우리는 보이는 곳들에서는 질서 정연하다. 공공장소나 맛집에서 줄도 잘 서고 몇 시간을 기다리기도 한다. 그러나 운전대만 잡으면 돌변한다. 인내력을 시험하는 공간으로 우리나라의 대표적인 무질서 공간이다. 교통 시설도 썩 합리적이거나 편하지 않은 편이지만 가장 큰 요인은 법이 있지만 잘 지켜지지 않는 경우가 많기 때문이다. 심지어 법이 있는지도 모르거나 잘못 알고 있는 경우도 많다. 여러 가지 이유가 있겠지만 운전은 공공장소 줄서기와 달리 나를 가리는 익명성이 어느 정도 보장되기에 가능한 일일 것이다. 그리고 법을 지키지 않아도 잠깐 욕먹는 것 말고 큰 불이익이 없으니 꼭 지켜야 할 이유도 딱히 없다. 나 자신을 속이는 일인 것 같아 조금 씁쓸하다.

익명성 뒤에 숨은 운전 문화가 진정한 배려와 사랑으로 유지되는 날이 성숙한 '선진국(先進國, Advanced country)'이 되는 날이라고 확신한다. 나는 운전 문화 개선이 우리가 가장 시급하게 해결할 과제라고 생각한다. 운전 문화가 합리적으로 개선되어 운전할 때마다 타인에게 고마움을 느낀다면 피폐한 시민 정신이 지금보다 엄청나게 개선될 것이다. 이러한 질서의 유지는 절대로 운전자의 자율적인 의지로만은 해결되지 않을 것이다. 강력한 시스템이 필요하다. 모든 운전자가 법을 잘 지키도록 개선되어야 한다. 최근 우리나라도 많이 노력하고 개선하려는 흔적은 많이 보이지만 유럽의 교통 시스템처럼 합리적인 시스템을 만들고 끊임없이 개선되어야 한다. 과속 단속 카메라 위치를 우리나라처럼 알려 주는 이탈리아보다는 철저하게 숨기는 독일의 운전 문화가 더 나아 보인다.

어쩌면 교통 문화와 같은 부분은 절대로 우리의 눈에는 잘 안 보일 수가 있다. 나도 유럽의 운전을 깊게 경험한 후에 서야 많은 것들이 보이기 시작했다. 정말로 해결이 안 되는 인구 감소와 교통 문화 같은 우리나라만의 독특한 문제들은 잠시 우리의 시야에서 벗어나 근본적인 원인을 고민해야 한다고 생각된다. 반도체나 2차전지 같은 산업 제품과 달리 문화나 인간의 심리가 연관된 분야는 우리나라 내부에서는 객관적으로 볼 수가 없기 때문이다. 이 책으로 조금이라도 공감하는 사람들이 있고 함께하여 운전 문화가 좋아지기를 소망한다.

PART 2-4

유럽에서 배우다 - 우리나라 대한민국

『유럽인에게 한때 가장 두려움에 떨었던 유일무이한 존재였으며 핵폭탄과 같이 이 세상에 등장했다가 신기루와 같이 사라진 몽골이라는 나라가 생각이 난다. 세계사의 무대에 엄청난 충격으로 등장했으나 이제 몇몇 흔적만 남긴 채 역사의 뒤편으로 물러났다. 유목민족 몽골은 죽기 아니면 살기처럼 살아야 하는 생존의 시대에는 철저하게 강한 나라였지만 그 이상을 유지하며 새로운 역사를 만들어 낼 국가 시스템이 부족했기 때문인 것 같다. 우리도 유목민의 후손이다. 유목민들의 두드러진 특성 중 하나가 척박한 환경에서 죽고 사는 생존의 문제를 언제나 안고 살아야 한다는 것이며 그래서 생존의 시기에는 유독 강하다는 것이다. 그러나 이 시기를 벗어나면 이야기가 달라진다. 충분히 죽고 사는 생존의 시기를 벗어났음에도 그들은 여전히 같은 방식으로 살아간다면 길을 잃고 혼란이 올 것이다. 우리는 생존의 시기에 강한 강점을 보여줄 수 있는 자본주의에 살고 있다. 문제는 이를 조절하고 유지할 수 있는 사회적 시스템의 부재이다. 그 강력한 대안이 바로 유럽을 비롯한 서방의 배려와 함께하는 기독교적 사회 시스템이다. 공동체를 함께 생각하며 공동체 유지에 필수적인 배려와 사랑을 내세우고 이를 지키기 위한 강력한 질서를 동반하는 사회 시스템이다.』

글로벌(Global) 대한민국

유럽 여행을 하다 보면 자연스럽게 우리나라와 비교가 되는 것은 어쩔 수 없는 것 같다. 우리 민족 특유의 독특한 애국적 공동체 의식이 존재한다. 그런데 비교하면 할수록 우리나라는 정말로 대단한 나라인 것만 같다. 주요 사회적 기반은 효율적이고 편리하며 그리고 기업들의 위상은 말할 것도 없이 막강하다. 무엇보다도 많은 사람들이 우리나라를 알고 있고 또 알고 싶어 한다는 데 놀랍다. 이처럼 유럽에서 우리나라의 위상은 우리가 생각하는 것 이상으로 대단하다. 정말로 좋은 나라임에는 틀림이 없어 보인다. 이전에 비해 너무 달라 때로는 꿈인가 현실인가 생각해 볼 만큼 꿈만 같은 위상의 변화를 실감하게 된다.

런던 중심가에서 세련된 한식을 파는 모습에서 자부심이 느껴진다.

235

이러한 위상의 변화는 국내에서 듣게 되는 이야기보다 외국에 나가면 더 많이 실감하게 된다. 유럽의 상점에도 비비고 브랜드의 상품이나 오리온 초코파이를 보거나 런던의 중심가에서도 비빔밥 식당을 가끔 만난다. 이탈리아의 대형 책방에는 BTS 음반 입고되었다는 특별 안내문도 볼 수 있다. 가전 상점이나 대형 간판으로 삼성이나 현대, LG 같은 브랜드는 굉장히 많이 볼 수 있음은 물론이다. 근면하고 착한 민족성과 높은 교육열, 경제적 성공, 의료 공공서비스 등 이루 말할 수 없는 좋은 점들이 많다. 우리는 세계에서 유래를 찾기 어려울 정도의 고속 성장으로 유명하다. 원조를 받던 후진국에서 초고속 성장으로 단숨에 선진국의 문턱까지 넘게 되었으며 여기에 스포츠 강국이면서 BTS를 비롯한 K-POP과 한류 드라마 영화까지 포함하는 문화적 성공까지 더해지니 우리는 충분한 자부심을 느끼게 한다.

이탈리아 밀라노의 한 대형 서점 입구에 붙은 BTS음반 입고 홍보 안내문

대한민국의 국민으로서 자부심과 소속감을 느끼게 하는 많은 것들이 있다. 특히 한류를 비롯한 K-Culture의 성공은 경제적 성취와는 조금 더 다른 무언가 다른 자부심의 위상이 한 단계 올라선 것만 같다. 표현이 약간 어색하지만 '부와 명예'를 거머쥔 느낌이다. 그런데 해외에 나가 실감하지 않으면 그 대단한 나라임을 알기 쉽지 않다는 것 또한 놀랍다. 우리는 어쩌면 행복을 행복이라고 느끼지 못하는 삶을 사는 것은 아닐까? 충분히 이루었음에도 늘 부족한 듯 오늘을 바쁘게 살아가는 것은 아닌지 생각해 본다.

지금의 대한민국은 인구 감소와 이로 인한 심각한 후유증이라는 폭탄을 안고 살아간다. 잘 나가던 경제마저도 코로나와 러시아와 우크라이나전쟁, 중동 전쟁, 인플레이션과 강대국들의 패권전쟁으로 우울하다. 여기에 대만해협의 긴장 북한의 핵 위협으로 인한 한반도의 긴장 등 많은 걱정이 앞선다. 우리는 고도성장을 달려온 그 이면의 후유증일 수도 있겠지만 서로 의식하고 경쟁하는 마음이 지나쳐 서로 대립한다. 적당한 경쟁은 자본주의에서 성장의 원동력임은 틀림이 없지만 문제는 모든 영역에서 경쟁하거나 대립한다는 데 있다. 지금의 우리는 경쟁에서 지켜야 할 선을 넘어간 영역이 너무 많다. 선을 넘어서까지 서로 미워하고 싸우기에는 우리에게는 시간도 없고 시기가 너무나 좋지 않다. 어쩌면 지금이 우리에게는 마지막 기회일 수도 있겠다는 생각이 많이 든다. 그 마지막 기회라 함은 한마디로 동업자 정신과 결이 같은 함께 살아가려는 노력이다. 함께 살아가는 노력, 협력은 '**생산성**

(Productivity)'과 밀접한 관련이 있어 보인다. 협력하지 않고 개별적으로 진행한 일은 수정하는 일이 생기면 처음부터 제대로 만드는 비용보다 훨씬 더 들어간다. 협력은 쓸데없는 낭비를 줄일 수 있고 같은 노력을 하고도 더 부유하게 되는 것이다.

경험적으로 유럽인들은 함께하려는 노력이 더 강하다. 우리는 지금까지는 주변을 둘러볼 기회도 없이 열심히 살아왔다. 정말로 소중한 가족, 건강, 그리고 미래를 돌아볼 겨를도 없이 살아왔다. 서로 화합하지 못하니 서둘러서 생기는 시행착오와 양보하지 못하는 병목현상으로 결국 생산성은 떨어진다. 지는 것은 두렵고 성과는 필요하니 몸으로 더 열심히 일하는 삶으로 우리는 피로하며 우울하다. 남들보다 언제나 앞서야 하는 삶, 남들에게 이기는 삶, 남들보다 빠르게 사는 삶을 전체적으로 돌아보면 좋겠다. 그래서 경쟁해야 할 부분과 평정심을 유지해야 할 때를 구분하는 지혜가 먼저 필요하다. 경쟁이 필요하다면 더 집중하여 경쟁하되 평상시에도 경쟁만 한다면 얼마나 피곤하고 스트레스가 심할까를 생각하면 쉽다. 넓게 보는 지혜가 필요하다. 유럽 여행에서 느낀 점은 남들에게 뒤떨어진다고 당황하거나 조바심 내지 않고 때로는 충분히 이길 수도 있지만 모두를 위해 승리를 양보하는 여유와 느리되 정확히 살아가는 것이 모두가 함께 행복으로 가는 길이 됨을 믿게 되었다. 다 함께 가면 오히려 모두가 빨리 도착할 수 있음을 확신한다. 우리나라도 그 길로 가는 길을 선택하기를 소망한다. 조금씩 양보하고 배려하며 함께 가는 그 길을 간절히 소망해 본다.

빈센트 반 고흐 그리고 칼 막스

프랑스 여행 중에 기회가 있어 빈센트 반 고흐가 마지막 생애를 보낸 마을인 파리 근교의 오베르 쉬르 우아즈(Auvers Sur Oise)를 방문한 적이 있었다. 작고 아름다운 마을에서 그의 낯익은 그림들에 등장하는 다양한 배경들을 둘러보았다. 그가 걸었을 길들과 오베르 성당, 그가 묵었던 여관을 비롯하여 동생과 함께 기나긴 쉼에 든 고흐의 묘지까지 둘러보았다. 빈센트 반 고흐와 동생 테오 반 고흐(Theo van Gogh)의 애틋한 이야기는 우리에게도 공감되는 감동을 주고 개인적이지만 가끔은 칼 막스가 연상되기도 한다. 우리 인류 역사에서 칼 막스와 빈센트 반 고흐는 격동의 시기에 인류사에 지대한 유산을 남겼다는 점과 또 하나는 그들 옆에는 아낌없이 믿어주는 강력한 조력자가 있었다는 공통점이 있다. 칼 막스에게는 재정적인 도움을 주고 그의 유고를 모아 자본론 II와 자본론 III를 펴냄으로 총 3권의 자본론을 완성한 프리드리히 엥겔스(Friedrich Engels)가 있었다. 그리고 고흐에게는 재정적 후원자이며 그가 그림을 그릴 수 있도록 이끌어준 동생 테오가 있었다. 질풍노도 같은 시대에 파란만장한 삶을 살았던 그들의 위대한 업적은 어쩌면 이토록 헌신적이면서 강력한 후원자가 없었더라면 아마 세상에 빛을 보기가 어려웠을 것 같다. 세상은 주연만을 기억하는 사람들이 많지만 희생적인 조력자들의 위대함을 새삼 느끼게 한다. 특별히 1등만이 존재하는 승자 독식의 자본주의 시대를 살아가는 요즘에 배려와 희생이라는 단어와 어울리는 엥겔스와 테오 반 고흐에게도 위대한 거장들보다 더 큰 박수를 보내고 싶다.

유럽인에게 한때 가장 두려움에 떨었던 유일무이한 존재였으며 핵폭탄과 같이 이 세상에 등장했다가 신기루와 같이 사라진 몽골이라는 나라가 생각이 난다. 세계사의 무대에 엄청난 충격으로 등장했다가 어느 날 몇몇 흔적만 남긴 채 역사의 뒤편으로 물러났다. 유목민은 크게 흔적을 남기지 않는다. 살아서는 전혀 빛을 보지 못했지만, 사는 동안 충실하게 살았고 결국 죽어서 빛을 보게 된 칼 막스와 고흐랑 대비가 된다.

고흐 형제는 살아서의 우애를 이어가듯 나란히 함께 묻혀 있다.

우리는 유목민의 후손이다. 유목민들의 두드러진 특성 중 하나가 척박한 환경에서 죽고 사는 생존의 문제를 언제나 안고 살아야 한다는 것이며 그래서 생존의 시기에는 강하다는 것이다. 그러나 이 시기를 벗어나면 이야기가 달라진다. 충분히 죽고 사는 생존의 시기를 벗어났음에도 그들은 여전히 같은 방식으로 살아간다면 분명 정체성의 혼란이 올 것은 분명하다. 우리는 유목민의 강점인 생존의 시기에 강한 강점을 보여줄 수 있는 자본주의에 살고 있다. 그런데 관건은 적절히 균형을 이루며 유지할 사회적 시스템을 수립하는 일이다. 그 강력한 대안이 바로 유럽을 비롯한 서방의 배려와 함께하는 기독교적 사회 시스템이다. 그들의 기독교적 사회 시스템은 오랫동안 검증되었기 때문이다. 공동체를 함께 생각하며 공동체 유지에 필수적인 배려와 사랑을 내세우고 이를 지키기 위한 강력한 질서를 동반하는 사회 시스템이다. 같은 유목민 출신이면서 유대교라는 강력한 질서 시스템으로 조절되고 유지되는 유대인이 그 방향타가 될 것 같다. 현재 그들은 세계에서 막강한 영향력이 있다.

우리는 현재 엄청난 강점과 극단적 단점을 동시에 가진 독특한 나라가 되었다. 그 극단의 단점을 기독교적 배려와 사랑의 시스템으로 조절하고 유지되는 순간 유대인 이상으로 세계를 호령할 수 있으리라 확신한다. 그 사랑은 강력한 질서로만 유지가 된다. 유럽을 여행하면서 많은 다양한 나라와 사람들을 만나고 그들의 역사를 돌아보며 우리의 머나먼 뿌리를 거슬러 살펴보았다.

해가 지지 않는 나라

한때 영국이 세계를 호령하던 시기가 있었다. 2차 대전으로 미국에 패권을 넘기기 전까지 영국은 세계의 중심 국가이었다. 지금도 영국에 가면 그 시절의 흔적들을 어렴풋이 볼 수가 있지만 그들에 대한 존중의 마음으로 찾아야 보일 만큼 먼 옛이야기다. 세계 제2차 대전 이후 지금까지 미국이 세계의 패권국가로 머무르고 있기에 미국이 주도하는 세상에 우리는 지금 살고 있다. 또한 민주주의와 공산주의가 첨예하게 대립하던 시절도 있었다. 미국과 구소련이 대립하던 냉전 시대도 생각나고 남과 북이 지금보다 훨씬 더 긴장감으로 살던 시기도 있었다. 민주주의에 아니 정확히는 민주주의적 자본주의에 철저하게 패퇴한 지금의 공산주의 국가들을 보면 도부지 실감이 어렵지만 그 시절 공산주의는 대단한 공포의 대상이었다. 북한과 같은 여전히 폐쇄된 국가도 있지만 중국이나 베트남 같은 나라와 무역도 하고 여행도 하는 시대가 되었다.

세계는 이제 미국과 중국의 패권 다툼이 치열하다. 그러다 불현듯 중국이 세계의 패권국가가 된다면 어떤 세상이 올까 궁금해진다. 우리는 한때 한류와 경제교류를 필두로 중국과는 서로 좋은 관계가 영원할 것만 같은 기대에 들떴던 적이 있었다. 지금은 중국과 우리나라는 전혀 그러지 못하다. 어느 날 갑자기 우리의 의

도와는 전혀 다르게 시작된 한국에 대한 무시와 혐오는 우리에게 나쁜 감정만 키워주었다. 이런 오만함을 바라보며 그들이 패권국가가 되었을 때의 세계가 심히 걱정스럽다. 작은 나라에 대한 무시와 거침없는 폭력의 조짐은 홍콩과 동남아 그리고 대만에 대한 그들의 행동을 보면 쉽게 예측할 수 있으리라. 그 이면에는 오늘의 중국경제의 힘을 일으킨 등소평의 유언 같은 지침이 그들의 속마음이 아닐까 생각된다. "우리가 충분히 힘을 갖출 때까지는 우리의 본색을 드러내지 마라." 자국 내 정치의 불만을 잠재우려고 일본 정치인들이 우리나라를 끌어들여 '혐한'을 부추기듯 이제는 중국 인민의 감정을 위해 한국을 동네북처럼 두들겨 팬다.

공산주의는 기본적으로 자유가 없는 독재가 그들의 과거 모습임을 잊어서는 안 될 것 같다. 충분히 힘을 비축할 때까지 친절하던 그들이 어느 순간 '혐한'으로 변하는 게릴라 전술처럼 충분히 때가 되면 돌변하는 모습을 보게 될지 모를 일이다. 종교에 대한 자유와 거주에 대한 자유, 언론에 대한 자유, 많은 자유가 사라지고 나서야 우리는 과거를 그리워하는 날이 올 수도 있겠다는 생각이 든다.

그런 면에서 서방 민주주의와 깊은 연관이 있는 기독교는 이타적인 종교이다. 기독교는 철저하게 나뿐 아니라 다른 사람을 배려하고 사랑해야 하는 종교이다. 빈곤과 전쟁 그리고 자본주의의 시대에서 처절한 생존의 시대를 살면서 그들도 많은 실수를 한 것도 부인할 수 없는 사실이다. 다른 사람을 사랑하고 배려해야 하는 기독교의 사상을 거스르는 많은 부작용은 완벽하지 못한 인간적인 면이나 정치적인 부분이 크다는 생각이다. 과거의 실수는 분명하나 미국과 유럽 국가들의 통치 이념과 사회적 시스템만큼은 이타적인 사랑의 사상이 그대로 담겨 있다. 다행히 우리나라와 일본은 서방의 민주주의 시스템을 그대로 답습하였기에 많은 부분이 유사하다. 적어도 기독교 국가들이 강대국일 때는 다른 나라를 돕고 살아왔다. 정치인들은 상황에 따라 수단과 방법을 가리지 않기에 다를 수 있어도 사랑과 배려의 기독교 사상을 가진 그 국민 정서는 기본적으로 약소국을 철저하게 무시하거나 괴롭히지는 않는다. 그래서 사랑과 배려의 기독교적인 이념을 가진 미국이나 유럽의 국가들이 현재와 같이 패권국가가 유지되어야 한다고 생각한다. 그리고 언젠가 그 패권국가의 자리가 우리나라이면 더 좋겠다.

전성기 빅토리아 여왕과 2차 대전에서 승리하지만, 패권국을 마감한 처칠 동상

우리나라가 다 좋다! 딱 하나 빼고

런던에 가기 전에 독일 슈투트가르트(Stuttgart)에 잠시 머물 기회가 있었다. 슈투트가르트는 독일 남부에서 메르세데스-벤츠, 포르쉐, 보쉬의 본사가 있고, 카를 벤츠가 현대적인 자동차를 발명한 자동차 도시로 유명하다. 특히 포르쉐의 로고에 등장하는 유명한 도약하는 말 문양이 슈투트가르트의 인장에서 따왔고 'STUTTGART'라는 지명을 그대로 로고에 넣었을 만큼 연관이 깊다. 포르쉐의 본사와 공장은 슈투트가르트 북부에, 벤츠의 본사와 공장은 동부에 있고 두 회사에는 모두 자사의 역사를 소개하는 박물관이 자리하고 있다.

그곳 한인교회의 목사님은 한국에서 계시다가 독일 한인교회

포르쉐의 역사를 알 수 있는 포르쉐 박물관 모습

에 건너가셔서 목회 중이셨는데 독일과 한국에 대해 비교하시면서 하시던 말씀이 기억난다. "우리나라가 다 좋습니다. 딱 하나 빼고… 그런데 그 하나가 치명적입니다." 묘한 여운을 남기는 목사님 말씀을 처음에는 사실 무슨 말씀을 하시는지 잘 이해하지 못했다. 우리나라가 넘쳐나는 강점이 있는 나라라는 사실도 그때는 잘 실감하지 못했고 또한 사라졌으면 하는 치명적인 약점도 전혀 눈치채지 못했다. 유럽에 머무는 시간이 길어질수록 그 치명적인 그 하나가 무엇일까? 그리고 그 치명적이라는 말이 무슨 의미일까? 여행하는 내내 간간이 궁금증과 호기심으로 되뇌어 본 것 같다. 실제로 유럽을 여행하는 것과는 다르게 그곳에 살아가는 현지인들에게도 언어와 인종적 다름으로 오는 문제들 그리고 외로움과 고국에 대한 그리움 등 많은 애로가 있다고 한다. 우리나라가 얼마나 좋은 나라인지도 많이 실감하게 된다고 한다. 언어를 시작으로 하나하나 극복하며 독일에서 이방인의 삶을 살아가고 있다고 한다.

여행에서 돌아와 이제는 우리나라에서의 일상을 살아가면서 조금씩 그 의미를 알 것 같았다. 빠르고 편리하며 친절한 공익시스템, 의료시스템, 치안 시스템, 비교적 높은 급여와 저렴한 물가 등 돌아보면 우리는 진정으로 좋은 나라에서 산다. 딱 하나 빼고… 그 하나가 많은 장점을 상쇄할 만큼 치명적이 되어 가고 있다. 그 치명적이라는 의미는 균형을 잃어버린 지나친 그 무엇이 아닐까? 생각된다.

유럽은 전반적인 사회적 시스템이 형평성과 균형적인 느낌으로 다가오는 공정하고 합리적인 사회라는 생각을 많이 하게 된다. 독일을 비롯한 유럽의 대다수 공무원도 막강한 권위가 있다. 현지인들도 그 공무원의 권위에 대부분 순응하는 것 같다. 경찰의 권위는 다른 설명을 추가할 필요가 없을 만큼 강력하다. 경찰들에게 대들거나 폭력을 행사하는 뉴스를 종종 보는 우리나라와는 달리 유럽의 경찰들은 압도하는 카리스마를 가지고 있고 이들에게 대드는 경우는 그에 걸맞은 대가를 치러야 한다. 이런 사회적 시스템이 있기에 일반인들이 경찰을 폭행하는 일은 거의 없다고 한다. 그 이유는 너무도 간단하다. 공권력이나 교사에게 의무와 권위를 함께 부여하여 대들거나 폭력으로 반항하면 엄청난 손해와 책임이 뒤따르기 때문이다. 더불어 어느 한쪽으로 치우치지 않고 공정하다고 서로가 인정되기 때문이다. 물론 이들에게도 치우친 부분도 있고 불공정한 것들도 없을 수가 없어 이들에게도 우리와 같은 고민을 당연히 하겠지만 비교적 그렇다는 말이다.

1945년 일제로부터 독립하고 6.25 한국 전쟁을 겪으며 고착화된 남북 분단의 시대는 어느덧 90년이 흘렀다. 그 세월만큼 우리는 고립된 섬나라로 살아왔다. 그러면서 극단의(?) 강점과 극단의(?) 단점을 모두 가진 독특한 나라로 진화해 버렸다. 불균형이 심한 사회라는 의미이다. 동시에 극단의 단점만 고치면 극단의 강점과 함께 엄청난 시너지를 잠재한 나라가 될 수 있다는 뜻이기도 하다. 그리고 어떤 의미에서는 극단의 강점이라고 생각했던 것들도 다시 돌아볼 필요가 있다. 미래를 미리 사용하는 것이거나 아니면 누군가의 지나친 희생이 필요하다면 말이다.

PART 3-1
여행 팁 - 유럽 여행의 작은 도움

여행 팁

유럽 여행 준비 : 어느 나라나 여행은 설레고 특별하지만 유럽으로의 여행은 사전 준비가 조금 필요하다. 유럽의 다양한 나라와 도시마다 역사와 특색이 있으므로 사전에 공부하고 가게 된다면 훨씬 유용하다. 나라마다 독특한 특색이 있지만 우리의 기대와 선입견을 조금 벗어나는 나라가 영국과 이탈리아다. 큰 기대보다는 더 큰 매력이 있다. 영국은 섬나라이고 물가도 비싼 만큼 찾기가 쉽지 않지만 그 이상의 매력이 있는 나라이고 이탈리아는 고대 로마의 유적부터 시작하는 오래된 유적이 대단히 많다.

이탈리아는 피렌체나 베네치아, 로마 같은 관광 도시는 여행객이 매우 많다. 아프리카나 중동과도 가까워 소매치기나 사기꾼들도 많은 만큼 훨씬 더 조심해야 한다. 이탈리아 남자들의 익살스러운 활발함 때문인지 조금 가벼워 보이기도 하지만 이탈리아의 매력은 결단코 가볍지 않다. 유럽의 뿌리라 할 수 있는 고대 로마의 나라답게 역사적인 유물에 버금가는 역사적인 아우라가 엄청나다. 피렌체의 우피치미술관(Uffizi Gallery)이나 로마의 바티칸 박물관(Vatican Museums) 같은 경우 작품을 설명하고 안내하는 우리나라 여행사의 패키지투어를 추천한다. 현지 거주하는 전문 가이드와 연계하여 작품에 대한 설명은 작품은 물론이고 그들의 문화와 역사까지 함께 이해하는데 많은 도움이 된다. 유럽은 명품의 본거지답게 나라마다 다양한 브랜드의 제품을 접할 수 있다. 우리나라보다 많이 저렴하고 물건도 다양하다. 아주 비싼 명품은 아니지만 유럽의 감성과 독특한 개성의 매력 있는 제품들은 단연 이탈리아다. 이탈리아산 제품들은 가격도 저렴하고 품질도 아주 우수하다. 벨트나 신발 가방 같은 가죽 제품을 비롯하여 잘만 고르면 매력적인 좋은 제품을 저렴하게 쇼핑할 수 있다. 단 이 업계에 중국인이 운영하는 상점도 많다고 한다. 소규모 이탈리아 브랜드를 인수하여 주로 중국 등에 수출하는 곳으로 제품들이 실망할 수 있으니 오래된 이탈리아인 상점을 확인해야 실패가 없다.

여행 중에는 아무리 조심해도 필연적으로 좋지 않은 일에 휘말릴 수 있음은 어느 정도의 각오가 필요하다. 한국인은 자존심을 건드리면 발끈하는 경우가 많은데 이때 주의해야 할 것은 현지인 하고는 싸우는 것은 매우 신중해야 한다. 잘 설명하고 꼭 필요하면 싸우더라도 손해를 최소화하는 정도 까지만 기대하기를 바란다. 우리나라에서처럼 손해 배상이나 그 이상의 보상을 기대하면 곤란할 수 있다. 보통의 유럽인들은 착한 사람에게는 관대하나 나쁘다고 여기면 매우 매몰차다. 우리가 당연히 공정하다고 느끼는 것들조차 그들 눈에는 다르게 보일 수 있음을 항상 기억해야 한다. 유럽의 경찰이나 관공서는 우리가 심하게 억울한 일이 아닌 이상 어느 정도는 자국민의 편에 서는 것은 어디나 유사하다. 아마 어느 나라나 유사한 문화요 정서이다. 오히려 우리나라에서 외국 백인들에게 유달리 관대한 편임을 알아야 한다. 그리고 간혹 다툼의 상대방이 유럽 원주민이 아닌 경우도 생길 수 있다. 특히 중동이나 아프리카 출신들은 무조건 피하는 것이 상책이다. 우리가 생각하는 상식과는 전혀 다르다. 경우에 따라 그들의 대응은 우리의 상상을 완전히 초월할 수 있다.

유럽에서 숙소 정하기 : 유럽은 숙소와 렌터카는 매우 탄력적으로 운영을 한다. 즉 수요가 많으면 가격이 깜짝 놀랄 정도로 뛰기도 하고 수요가 적으면 파격적으로 저렴하게 제시하기도 한다. 숙소 특히 호텔비가 가장 비쌀 때는 기업들의 업무적인 일이 겹치는 경우다. 특히 기업들의 박람회(Fair) 같은 행사가 열리는 동안은 사전 예약이 아닌 경우는 이 도시는 반드시 피해야 한다. 일반 요금보다 뒤에 "0"이 하나가 더 붙은 경우가 허다하다. 그리고 유럽인들의 휴가 기간인 여름철이 비싸고 가장 저렴한 시기는 당연히 비수기인 겨울철이다. 눈을 구경하는 게 목적이 아니라면 날씨나 여행 만족도를 고려하여 그들의 휴가가 끝나는 가을철을 선택하는 게 가장 좋다.

장기간 유럽 여행 시 렌터카를 이용하면 숙소의 위치에 제한이 거의 없어 때로는 매우 저렴한 숙소나 아주 유럽 감성의 매력적인 숙소가 가능하다. 보통 숙소는 호텔과 에어비앤비(Airbnb)를 병행하는데 에어비앤비는 식사나 빨래가 필요한 경우나 도심보다는 외곽 지역에 더 적합하고 호텔은 도심 지역에서 이용이 편리하다. 특히 이탈리아의 많은 도시의 도심은 차량 진입이 불가한 일명 ZTL구간인 경우가 많으므로 이를 감안하여 숙소를 정해야 한다.

유럽에서 렌터카(Rental Car) 예약 : 가성비를 생각하면 우리나라 기아차와 현대차가 가장 좋다. 한국산 차는 가격도 적당하고 옵션도 잘되어 있는데다 무엇보다 익숙하다. 유럽에서 꼭 필요한 옵션인 '자동변속기(오토미션)' 기능과 '후방카메라'와 '현지 내비게이션'을 반드시 확인해야 한다. 우리나라에서는 생소한 속도 제한 기능(제한 속도를 설정하면 가속 페달을 더 밟아도 그 속도 이상은 나가지 않는 기능)은 유럽 차에는 거의 들어가 있는 편이다. 가끔 예약한 차와 다른 차량으로 가져가라고 하는 경우가 있는데 이때는 낯선 운전이라고 잘 설명하고 필요한 옵션을 반드시 확보해야 편안하고 안전한 운전이 가능하다.

자동변속기는 우리에게는 익숙하여 설명이 거의 필요가 없을 테고 후방카메라는 주차를 위해, 현지 내비게이션은 휴대폰이 잘 안 터지는 경우를 대비하여 꼭 필요하다. 외국에서 생소한 길을 운전하며 가는 일은 국내보다 처음에는 당연히 더 긴장되고 속도나, 표지판, 신호 등 많은 신경 쓸 것들도 많다. 그러니 이런 사소하다고 생각될 수 있는 것들이 운전을 집중하지 못하게 하는 경우가 있으니 양보하면 곤란하다. 그리고 안전에 문제가 될 수 있다. 흔하지는 않아도 외국에서 사고가 나면 큰 스트레스를 받게 되는 것은 자명하다. 그리고 연식이 너무 오래된 차는 편의 기능이 제대로 안 되어서 불편하니 가급적 신형이 좋다. 여행의 즐거움을 위해 고급 차로 선택한다면 이미 운전을 많이 해본 차량은 상관없으나 익숙하지 않으면 생소할 수 있으니 안전과 편의를 최우선으로 차량을 선택해야 한다. 그리고 여행 계획에 동유럽 국가가 포함되면 최고급 신차는 임대가 불가할 수도 있다. 차량을 선택할 때 차의 사이즈에 따라 실을 수 있는 트렁크가 표시되므로 예약할 때 자기 짐을 잘 확인하고 적합한 차를 골라야 한다. 외국에서 운전하려면 매우 보수적으로, 안전을 최우선으로 차량 선택부터 운전까지 고려해야 한다. 비나 눈을 만나기도 하고 야간 운전도 있으니 빠르고 멋진 차는 그다음이다.

렌터카 예약 및 운전 시는 반드시 국제면허증, 한국 운전면허증 두 종류 모두와 신용카드가 필수이다. 렌터카 회사는 경험이 많지 않은 경우는 'Hertz' 'Sixt' 'Europcar' 정도의 큰 회사를 추천한다. 차량에 설치된 내비게이션과 스마트폰의 '구글 지도'를 동시에 켜고 운전하면 좋은데 보통은 '구글 지도'를 이용하는 편이다. 현지 내비게이션도 보조로 필요하다. 그리고 장거리 운전은 혼자만 하면 매우 피곤하므로 동승자 면허증도 함께 준비하여 등록하는 게 좋다. 고속도로에서는 오히려 한국보다 쉬우므로 크게 걱정 안 해도 된다. 내 경험으로는 전체 5시간 이상 장거리 운전을 할 때 처음에 2~3시간 정도는 주 운전자인 내가 맡고 보조로 아내가 1시간 정도 운전한 뒤 교대하고 다시 내가 맡는 식으로 다녔던 기억이 난다. 그리고 렌터카를 체크인할 때 이동하는 나라들을 대략은 표기해야 하므로 미리 여행 경로를 숙지하고 잘 설명한다. 유럽 렌터카 여행의 출발에 가장 적합한 도시는 대륙의 중간 정도에 있는 독일 프랑크푸르트이지만 전체 여행을 잘 고려하여 사전에 검토하고 루트를 계획하면 좋다. 물론 반납은 다른 도시에도 얼마든지 가능한 경우가 많으니 이동 계획을 잘 고려하여 출발과 반납이 가능한 도시를 정할 수 있다.

 연료는 우리와 표기도 조금 다르고 보통 'full to full' 방식으로 가득 채워 받고 가득 채워 반납하는데 채우지 못하고 반납하면 더 비싼 연료비를 내야 한다. 만약 심하게 청소가 되어 있지 않은 상태에서(특히 내부) 반납 시는 그 페널티가 상당하다. 가급적 미리 외부 주유소에서 연료도 채우고 청소까지 하고 반납하기를 추천한다. 유럽은 통행료가 3종류이다. 프랑스와 이탈리아 등은 우리와 같고 독일, 네덜란드, 벨기에와 영국 등은 무료이고 스위스, 오스트리아와 동유럽의 대부분은 통행권(Vignette)을 사서 붙이고 다니는 방식이다.

프랑크푸르트 공항 내 렌터카 반납 장소 - 회사마다 별도의 장소가 있다.

유럽에서 운전하기 : 낯선 유럽에서 운전하기가 처음에는 조금 생소하지만 정말로 쉽고 편리하다. 무엇보다 마음이 정화되고 심지어 감동적이다. 거의 차들 대부분이 규칙을 잘 지키기 때문이다. 그래도 어찌 되었든 낯선 외국이니 철저하게 준비하고 정말로 보수적으로 운전해야 한다. 실제로 운전하기 전에 유럽의 운전에 관한 책이나 소개하는 유튜브로 미리 공부하는 게 좋다. 보통 공항에서 차를 인수(Pickup)한 후에는 운전하기 전에 차에 앉아서 서류나 차량의 변속기부터 조작할 기기들까지 위치나 동작 여부를 먼저 꼼꼼히 살피고 출발하는 것이 좋다.

10분 정도만 운전하다 보면 우리나라의 운전자들은 큰 어려움 없이 운전할 수 있으리라 생각된다. 주행하는 차의 앞에 아무도 없는 길을 제한 속도에 맞게 운전하는 것도 익숙해져야 하고 우회전도 신호가 있는 경우가 많다. 보통 처음에는 앞차의 번호판이 보일 정도로 거리를 두고 차량 뒤를 따라가는 것도 좋다.

유럽에서의 식사 : 유럽에서 한 달 이상 장기간 여행한다면 미니 전기밥솥과 밑반찬 정도는 꼭 한국에서 가져가면 아주 유용하다. 전기밥솥은 유럽에서는 팔지 않는다. 하지만 요즘 웬만한 슈퍼에서는 우리가 즐겨 먹는 자포이카종 쌀(japonica, 단립종으로 장립종인 인디카보다 둥글고 찰진 쌀)과 간단한 반찬거리를 팔고 한국 라면을 파는 곳도 많다. 대도시에는 한인 마트가 거의 있고 아주 다양한 한국 식품이 준비되어 있다. 유럽의 식료품은 우리나라보다 저렴하거나 비슷한 편이다. 과일 맛이 좋고 가격도 비교적 착

하다. 소고기를 비롯한 육류와 우유도 제품마다 종류도 아주 다양하고 맛도 좋다. 현지인들의 밑반찬 중에 절인 올리브 피클은 우리에게도 익숙한 편인데 올리브 씨가 그대로 들어 있는 것도 많으니 조심해야 한다. 그리고 절인 올리브는 우리가 아는 통조림 말고도 보통 대형 마트의 식품 매장이나 시장에서 무게를 달아 팔기도 한다. 여행 중에는 파스타 같은 간단한 음식을 먹을 때도 많은데 절인 올리브와 피클은 매우 잘 어울린다.

에필로그

우리는 세계에서 유래를 알 수 없을 만큼 빠르게 성장한 나라이다. 아직도 수많은 세계 1등 제품을 가지고 있고 더 많은 것들을 이루어 나갈 엄청난 잠재력을 가진 나라임에는 틀림이 없다. 우리나라만큼 자본주의에 특화된 DNA를 가진 민족도 흔하지 않다고 생각된다. 부지런하고 성실하고 좋은 인성을 가진 민족이다. 대응력이 강해서 혹독한 환경에서도 살아남을 수 있는 민족이다. 지금의 대한민국이 있기까지 우리는 거침없이 비교적 순탄하게 달려왔다. 그러나 선진국을 넘어서 새롭게 도약해야 하는 지금의 우리나라는 쉽지 않아 보인다. 미래가 순탄하지 않으리라 예상되는 징후들이 드러나고 있다. 이 시대의 우리는 과하든지 부족하든지 분명히 무언가 잘못된 길을 가고 있음은 확실해 보인다. 세계에서 유래를 찾을 수 없는 낮은 출생률, 낮은 행복지수, 높은 자살률을 비롯한 간과할 수 없는 심각한 사회문제들이 이를 말해준다.

선진국의 문턱에 접근한 지금 이런 본질적인 문제들을 치유하지 못한다면 그저 그런 나라로 전락할 가능성도 매우 크다. 미래를 대비하는 통찰력으로 그 약점들을 치유할 수만 있다면 진정 세계를 선도할 잠재력을 꽃피울 거라고 확신한다. 미래는 사랑하는 우리의 자녀와 그 자녀들이 살아갈 세상이다. 지금은 우리 모두 자녀들의 미래까지 함께 지키지 않으면 안 되는 마지막 기회로 생각이 된다.

　우리나라는 대단한 성장을 했으나 부작용도 만만치 않다. 우리가 처한 심각한 문제들의 원인을 거슬러 올라가면 자본주의로 인한 것들이다. 오늘날의 자본주의는 필연적으로 질풍노도 같은 생존의 시기를 거쳐야 한다. 이는 혼신으로 힘을 다해 살아가야 하는 시기이다. 이는 개인들이 가난을 위해 싸우거나 초창기의 기업, 개발도상국처럼 개인이나 기업 그리고 한 국가까지 본질적으로는 유사하다. 이들에게 현실은 생존이 달린 문제이기에 수단과 방법 가리지 않고 전력을 다해야 생존이 가능하다. 자본주의의 문제도 이 성장기에 발생하거나 성장기를 벗어났으나 이 시기의 습관으로 인한 것이다. 죽기 아니면 살기로 살아야 하는 생존의 시기에 환경이나 인권을 고려하거나 배려하는 삶은 사치일 수 있기 때문이다. 우리는 이제는 성장기를 벗어나 충분히 여유와 풍요를 가지고 있음에도 우리는 여전히 지나치게 경쟁적인 습관으로 산다. 물론 여전히 경쟁은 존재하지만 죽기 살기의 생존을 위한 경쟁 정도는 분명히 아니다. 어리석게도 충분히 소유하게 되었음에도 우리는 지나친 경쟁이 습관화되어 우리 삶을 좀먹고 있다. 이로써 정작 중요한 많은 것들을 소홀히 하며 심각한 사회 문제로 확대되고 자신은 물론 타인과 이 사회 모두가 불행해진다.

　그렇다면 이러한 세상은 과연 문제가 해결되고 더 나아질 수 있을까? 생각해 보면 암울하다. 우리 인류의 자본주의 성장 역사는 가까이부터 보면 영국에서 시작된 산업혁명을 시작으로 유럽과 미국 일본과 우리나라 그리고 중국을 거쳐 지금은 인도까지 이어지고 있다. 무려 150년 동안이나 전쟁 같은 자본주의에서 살아가며 자연과 환경을 파괴하고 살고 있다. 이러한 추세는 인도는 지금 막 시작했고 중동이나 아시아, 남미 일부 지역과 아프리카는 아직 시작하지도 않았다. 앞으로 50년 아니면 100년 끝난다고 해도 좋아진다고 보장될까? 결코 쉽게 끝이 날 수 없다는 생각이 든다. 단언하지만 우리 인류는 어떤 상황이든 결국 끝장을 보고야 말 것만 같다.

우리는 어떻게 해야 하는가? 이윤 추구가 목적인 기업이 노력할까? 정부도 앞에 닥친 문제들 때문에 미래를 준비하는 일에는 우선 순위가 밀린다. 우리 스스로가 자본주의의 과열된 속도를 늦추는 것이 유일한 해결책이라고 생각된다. 유럽에서 시작한 친환경, 유기농, 공정 무역과 같은 노력이 대량 생산 대량 소비의 사슬을 조절할 필요가 있다. 결단코 소비자와 대중들이 확연한 의지로 행동해야 기업이나 국가도 함께 한다. 이 시대 민주주의적 자본주의는 그 막강한 공산주의를 무너뜨렸다. 우리에게 자유를 보장해 주었다. 이 하나만으로도 우리는 자본주의를 안고 달래며 통제하고 가야 한다. 이 시대 우리 인류는 대안이 없다. 자본주의의 치명적인 문제인 과열된 속도를 조절해서 함께 살아가야 한다.

함께 살아가는 삶의 근원은 배려와 사랑이다. 모든 정책이나 사회적 노력의 중심에 배려와 사랑이 담겨있어야 한다. 우리나라 미래를 위한 가장 걸림돌이 될 문제로는 낮은 출생률, 낮은 행복지수, 높은 자살률을 꼽을 수 있다. 이것들의 이면에는 사랑과 배려에서 기인하는 치유와 위로의 역할이 제대로 작동을 못하기 때문이라고 생각된다. 우리나라의 낮은 출산율도 여기에서 원인을 찾아야 한다. 어렵게 결혼하고 자녀를 낳아 가정을 이루는 책임과 함께하는 고귀한 행복들이 사라져 가고 있다. 지나친 경쟁의 습관들은 가정에서도 자녀들 또한 지나치게 경쟁적인 방식으로 양육하면서 가정이 주는 본질적인 사랑과 배려 그리고 쉼과 회복의 기능이 손상되고 말았다. 출산율을 보자면 단순한 출산 지원보다는 근원적인 접근이 필요하다. 어렵다면 어렵지만 쉽다면 아주 쉽다. 한 마디로 가정이 주는 장점과 매력이 지금보다는 훨씬 커야 한다는 것이 핵심이다. 가정이 주는 막강한 매력은 결국은 사랑이다. 이 사랑이 회복된다면 그 어떤 어려움도 극복할 수 있으리라 본다.

회개와 사랑으로 대변되는 기독교의 쇠퇴는 사회 전반에 다양한 부작용을 양산하고 있다. 아쉽게도 기독교 국가들인 서방의 선진국들도 많은 과오를 저질렀다. 그러나 그들의 잘못에 대해 기독교 사상에서 매우 중요한 '회개'를 통해서 반성하고 뉘우쳤다. 기독교는 회개라는 자정작용(自淨作用)이 있는 대표적인 종교이다. 그러나 기독교가 쇠퇴하며 회개도 함께 사라지고 있다.

이처럼 인간이 기독교를 버린 대가 혹은 하나님을 부정한 대가는 상상을 초월하는 대가를 치를 가능성이 매우 높다. 회개가 사라지며 어떠한 잘못도 결코 뉘우치거나 반성하지 않는 극악무도함이 창궐할 것이다. 우리가 살아가는 이 시대 민주적 자본주의가 그렇듯이 기독교도 어떤 이들에게는 문제가 있을 수 있다. 그러나 이 시대를 살아가는 우리에게 기독교 이외의 대안은 찾기가 어려울 만큼 상상을 초월할 문제가 된다고 생각된다. 어떻게 하는 우리는 기독교를 안고 가야만 한다. 놀랍도록 발전하는 이 시대의 우리는 더 냉정하고 겸손해야만 한다. 당장 내일 어떤 일이 일어날지 아무도 모르는 그저 나약한 존재가 바로 인간이다. 극히 작은 몇 가지 과학적 성취로 마치 신이 된 듯이 살아간다면 매우 위험하고 어리석다. 인류는 미래에 엄청난 발전을 이룰 거라고 예상한다. 그건 인류의 능력과 지식이 얼마나 제한적인지를 반증하는 말이기도 하다. 성경에서 "교만은 패망의 선봉이다.(잠언 6:18)"라고 경고하고 있다.

비엔나에서 만난 한국 학생들이 수학여행 중에 한국 문화 알리기에 한창이다.

* 이 책의 수익은 전액 청년들을 위하여 사용합니다.

책 속의 책 - 다시보는 기독교

『이 책은 독립출판사의 책 쓰기 프로그램으로 드디어 탄생하게 되었다. 몇 명의 아마추어 작가들이 함께 모여 책을 쓰는 프로그램인데 출판 전에 이 책의 이야기를 읽은 소감을 나누어 보았다. 여행의 즐거운 분위기에 어울리지 않는 무거운 이야기는 나중에 다른 책으로 진행하는 것을 권하시는 분도 계셨다. 나도 공감하였지만 결국 이렇게 '책 속의 책'이라는 별도의 분류로 넣어 보기로 했다. 굳이 이유를 설명하자면 사실 무겁고 진지한 이야기는 자신도 없고 더 이상 쓰고 싶지도 않기 때문인지도 모르겠다. 그래서 별도의 책으로는 어려울 것 같았다. 나는 그동안 인생을 너무 집중하며 진지하게 산다는 생각을 자주 하고는 했다. 어느 순간부터 가벼운 농담을 재치 있게 하거나 불편한 소리를 기분 나쁘지 않게 이야기하는 분들이 너무 부러웠다. 지금은 단순하고 때로는 가볍게 살아가려고 많이 노력하는 편이다. 주로 신앙적 책임감으로 쓰게 된 조금 딱딱하고 무거운 이야기는 빼고도 싶었지만 단 한 사람에게라도 관심과 공감을 줄 수 있다는 희망으로 함께 소개하며 모두에게 행운이 함께하기를 빌어본다.』

다시보는
기독교

『우리 인류는 특히 기독교 국가들인 서방의 선진국들은 실제로 많은 과오를 저질렀다. 그러나 이들은 또한 그들의 잘못에 대해 기독교 사상에서 매우 중요한 덕목인 회개(悔改, Repentance)를 통해서 반성하고 뉘우쳤다. 이와 같이 기독교는 회개라는 자정작용(自淨作用, self-purification)이 있어 반성할 줄 아는 대표적인 종교이다. 과학의 발달로 우리 인간은 신을 부정하며 마치 모든 것을 아는 것처럼 행동한다. 이것은 심히 걱정된다. 무엇보다 과학과 기술을 통제할 경험과 제도가 없다는데 심각한 문제이다. 어쩌면 인간이 기독교를 버린 대가 혹은 하나님을 부정한 대가는 상상을 초월하는 어려움을 겪을 가능성이 매우 크다. 어떠한 잘못도 결코 뉘우치거나 반성하지 않는 회개가 사라진 극악무도함이 창궐할 것이며 이로 인한 문제는 상상을 초월할 만큼 심각할 것이다. 죽기 살기로 살아야 하는 자본주의에서 당연히 기독교도 돌아보아야 할 많은 것들이 있지만 이 시대를 살아가는 우리에게 기독교의 모든 것을 부정하는 것은 심각한 문제가 될 것이다. 어떻게 하든 우리 인류는 기독교를 안고 가야만 한다는 생각이다.』

다시 보는 기독교(基督教, Christianity)

'The Trinity and Mystic Pieta(삼위일체와 신비한 피에타)' (Hans Baldung Grien)

　기독교가 본격적으로 국내에 들어온 지 150년이 채 되지 않았다. 비교적 역사가 길지 않은데도 우리나라의 발전에 지대한 역할을 했다. 불모지에 가까운 나라에 수많은 서양식 선진 학교와 병원을 지어 교육과 의료에 혁신을 일으켰고 가난을 퇴치하는 구휼사업으로 자비를 실천했다. 일제 강점기에는 독립운동을 지지했고, 해방 후에는 군사독재에 저항하는 민주화 운동에 헌신하며 인권을 외치는 목소리를 높였다. 민주주의와 인권 회복을 비롯한 지금의 대한민국을 이루는 데 막대한 역할을 한 것은 자명하다. 이를 이끈 많은 사회 지도층이 기독교인으로서 존경받았다. 하지만 세월이 흘러 이제 한국 기독교는 전처럼 존경을 기대하기도 어렵고 오히려 비난의 대상이 되는 처지가 되기도 했다.

　이런 상황에 나는 유럽으로 떠나게 되었다. 물론 처음부터 유럽과 기독교를 연관 지으려는 의도 없이 시작된 여정이었지만 시간이 갈수록 기독교를 다른 관점에서 되짚어 보게 되었다. 유럽인의 문화가 우리나라의 현실적인 문제점들을 해결할 대안으로 가장 적합한 시스템이라고 깨닫자 다시 보이기 시작했다. 그리고 깊이 생각하면 할수록 유럽인의 사상적 뿌리가 결국 기독교에 있다는 결론을 얻었다. 이렇게 관심이 커지면서 그동안 내가 알던 기독교의 이미지와 조금 다른 기독교가 다가왔다. 그것은 기독교가 변화되고 새롭게 변화될 필요는 있을지언정 무조건 배척하고 부정할 정도는 아니라는 확신이 들었다. 그리고 이 시대에 세계를 지배하는 종교와 이념들을 냉철하게 비교하고 싶었다. 종교로는 기독교 이슬람 불교 그리고 종교는 아니지만 이념으로서 공산주의를 비교할 만하다. 이쯤에서 이 시대에 세계를 지배하는 종교와 이념들을 냉철하게 비교하고 싶었다. 종교로는 기독교 이슬람 불교 그리고 종교는 아니지만 공산주의가 있겠다.

　그중에서 우리에게 다가와 있는 종교와 이념 중에서 가장 먼저 공산주의는 배제해야 할 이념이다. 자유가 없다. 그 하나만으로도 충분히 부정적이다. 자유가 없는 공산주의의 전형적 국가인 북한을 비롯해 공산 독재로 크든 작든 자유를 통제한다. 그 공산주의를 무너뜨린 것이 바로 자본주의다. 자본주의는 많은 문제가 노출되고 있음에도 불구하고 공산주의를 깨트리고 무너뜨린 것 하나만으로도 자본주의의 가치는 충분하고 본다. 우리에게 자유를 안겨주었기 때문이다. 그러나 자본주의에 무너진 공산주의가 요즘 많이 변화해서 공산주의라는 틀 안에서 자본주의를 도입하고 크게 성공하고 있다. 중국과 베트남이 대표적인데 우리의 민주주의의 전형인 서방의 자유 민주주의와는 근본이 다르다. 모든 우선순위의 최상에는 공산당이 있기에 자유를 제한한다.

  이슬람은 과하다. 폭력적인 테러로 연상되는 지하드 같은 경우를 보면 과격하고 폭력적이다. 또한 이슬람도 자유를 많이 억압한다. 이란과 사우디를 비롯한 중동의 많은 나라가 이슬람 교리를 바탕으로 자유를 억압한다. 불교는 태국과 미얀마 그리고 한국, 중국, 일본으로 대표되는 동양적 사고를 생각하면 될 듯하다. 태국이나 미얀마가 대표적 불교 국가이고 우리나라를 포함한 다른 동양의 나라에는 불교문화가 많이 남아 있다. 자유 민주주의는 어쩌면 가장 기독교적이다. 기독교는 율법이라는 질서의 규범과 우리가 잘 아는 사랑을 더해 완성되었다. 기독교의 율법을 토대로 선진국의 질서 있는 사회 시스템의 근간이 되었고 사랑을 토대로 기아와 환경 그리고 인권 문제 해결의 시발과 추진력이 되었다. 기독교 국가들도 분명히 많은 실수를 한 것은 부인할 수 없는 사실이다. 그럼에도 기독교 국가 외에 이슬람이나 공산주의가 세계의 패권국가가 되는 것은 상상하기 힘든 끔찍한 재앙이 될 가능성이 크다. 오히려 정말로 우려스러운 것은 미국과 유럽의 선진국들이 기독교와 기독교 정신을 잃어가는 것이다. 실제로는 그 우려가 점점 현실이 되어가는 것 같아 안타깝고 심히 걱정스럽다. 어떻게 하든 부족함이나 잘못된 부분은 수정하고 개선해서 기독교적 사랑의 방향을 가진 현재의 민주주의가 유지되는 방향으로 가는 것이 최선이라는 생각이 든다.

타인의 생각에 관대하지만, 내 생각은 스스로 책임이기에 끊임없이 돌아보며 회개한다.

기독교가 쇠퇴하면서 세계는 더 암울하다

우리 인류는 특히 기독교 국가들인 서방의 선진국들은 실제로 많은 과오를 저질렀다. 그러나 이들은 또한 그들의 잘못에 대해 기독교 사상에서 매우 중요한 덕목인 회개를 통해서 반성하고 뉘우쳤다. 우리 인류에게 밀려오는 환경 문제를 비롯한 치명적인 문제들을 해결하기 위한 많은 노력도 유럽을 위주로 하는 기독교 국가들이다. 선진국들의 기독교적 사고와 정신으로 작은 나라들의 인권과 민주주의를 지키도록 도왔고 막대한 원조를 통해 경제적으로도 도와 왔음을 부인할 수 없으리라. 우리나라도 그들의 수혜를 입은 나라임을 절대로 잊어서는 안 될 것이다. 이는 구제를 비롯한 기독교의 규율에 기인함을 부인할 수 없다. 이와 같이 기독교는 회개(悔改, Repentance)라는 자정작용(自淨作用, self-purification)이 있어 반성할 줄 아는 대표적인 종교이다. 철저하게 반성한 독일과 인정하지 않는 일본의 모습도 기독교적 회개와 깊은 연관이 있다고도 할 수 있다. 그러나 기독교의 쇠퇴로 인해 세상은 점점 불안의 길로 가고 있고 훨씬 더 심각한 문제들은 아직은 시작도 안 했다고 생각된다. 과학의 발달은 우리 인간들에게 인간 이상의 역할에 도전하고 있다. 우선하여 매우 가까이에 있는 환경 문제만 해도 엄청나지만 있지만 특히 AI로 무장한 휴먼 로봇의 등장은 우리 인류의 미래를 보장할 수 없을 정도의 파괴력이 클 것 같다. 과학의 발달로 인간들은 신을 부정하며 사상적 바벨탑(Tower of Babel)을 쌓아 올리고 있다. 현재의 인류가 아는 것들이 어쩌면 지극히 미미한 수준일 수도 있는데 마치 모든 것을 아는 것과 같이 교만의 끝을 달린다. 무엇보다 이들을 통제할 경험과 제도, 지식이 없다는데 가장 심각한 문제이다. 죽기 살기로 살아야 하는 자본주의에서의 삶은 경제가 최우선이라 신앙이나 가족 건강 등 소중한 많은 것들을 함께 삼키고 있다. 경제 성장 후에 찾아오는 풍요로움으로 Boring, 자극적인 미디어와 도덕적 해이 등이 맞물려 세속화되고 미국의 일부 주에서는 기독교의 근간을 흔들 수도 있는 법원 판결 등으로 기독교 정신을 잃게 되면 진정 돌아올 수 없는 강을 건널까 두렵다.

우리가 살고 있는 지구의 미래는 더욱 암울하다. 환경 문제로 인한 지구 온난화가 가장 가까이 있으며 이제는 전쟁과 핵무기, 그리고 갈수록 과격해지는 세계 여러 나라들의 정치 지도자들도 우리를 암울하게 한다. 우리 인류는 그동안 많은 문제를 현명하게 대처해 왔지만 지금은 미국과 중국의 대립을 비롯한 다양한 대립으로 파멸을 향해 치킨게임을 벌이고 있다. 지구는 큰 어려움에 처해 있다. 지구 온난화 문제만 해도 가장 강대국인 미국의 역할이 매우 중요한데(유럽은 환경 문제를 매우 노력하고 있음) 중국과의 패권 다툼으로 아주 어렵게 되어 버렸다. 당장 눈앞의 시급한 문제들 때문에 먼 미래를 생각하는 환경문제 같은 일들은 사치가 되어가는 모습이다.

진리를 향하여, 창의력과 통찰력의 비밀

 기독교는 끊임없이 생각하는 종교이다. 진리를 향한 생각으로 우리는 많이 고민해야 한다. 성경에 있는 예수님의 말씀 한 부분을 소개하자면 우리에게 세상의 소금이고 빛이라고 우리에게 말씀하신다. 이 말씀은 세상에서 어둠을 밝히는 빛의 역할을 하고 썩지 않게 하는 소금과 같은 역할을 하라고 하신 뜻이다. 누가 들어도 실제로 빛이 되고 소금이 되라는 말씀은 아니라는 것을 알 것이다. 이 말씀을 따라야 하는 기독교인들은 세상에서 소금과 빛의 역할을 그들 스스로 찾아야 한다. 이와 같이 하나님의 말씀인 진리를 향한 끊임없는 생각을 하여 하나님의 뜻에 맞도록 삶에 적용하여야 한다. 진리는 변할 수도 없으며 변하지도 않아야 하므로 틀리면 안 된다. 우리가 아는 모든 의문에 완벽하게 언제나 맞아야 한다.

 이와 같은 모든 가능성을 차례대로 검증하는 진리를 향한 접근은 결과를 예측하는 통찰과 창의적인 생각이 필연적이다. 예를 들어 어느 기업이 이 세상에 없는 전혀 새로운 제품을 하나 개발한다고 가정해 본다. 이전에는 없는 제품이기에 이 제품이 문제는 없는지 반드시 검증이 필요하다. 그 제품이 검증을 하지 않거나 부족하게 시장에 나간다면 잘못되면 심각한 문제가 되기 때문이다. 검증하는 방법은 보통 크게 두 가지다. 첫 번째는 실물을 만들

기독교는 끊임없이 생각하는 종교이다.

거나 축소한 모형 등을 미리 만들어 필요한 모든 테스트를 하는 방법이다. 이 방법은 매우 직관적인 만큼 효과가 확실하고 보통은 쉽고 비용도 낮은 편이라 할 수 있다면 필연적인 방식이다. 보통은 실제로 일어날 수 있는 모든 조건보다 더 가혹한 테스트를 하는 경우가 일반적이다. 두 번째는 모형이나 유사한 조건을 만들 수가 없는 경우는(예를 들어 우주선을 우주로 보내는 경우와 같이) 조금 다르게 접근해야 한다. 이때는 주된 계산이나 검증을 먼저 하고 그 계산이 맞는지 최소한 두 가지 이상의 다른 식으로 검산하는 방법이 있다. 여기에서 검산은 전혀 다를 경로로 계산하였을 때 서로 결론이 같다면 즉 우연과는 상관없다면 그 계산은 확실하다고 할 수 있다. 더 깊고 더 여러 가지로 검증할수록 결과는 정확하다. 1960년대 미국 흑인 수학자 '캐서린 존슨(Katherine Johnson)'의 이야기를 그린 '히든 피겨스(Hidden

Figures)'라는 영화에서도 이와 맥락을 같이하는 이야기가 나온다. 중반을 넘어서 1962년 2월에 미국 'NASA' 유인 우주선 '프랜드십 7호(Friendship 7)'의 발사 준비 중 착륙 좌표에 의문이 들었을 때 조종사인 '존 글렌 대령(John Herschel Glenn, Jr.)'이 다음과 같은 말을 한다. "그 똑똑한 수학자의 계산도 일치한다면 출발하겠습니다."라는 대사가 나온다. 검증을 믿었기에 자기의 생명을 맡길 수 있었다. 결과적으로 캐서린 존슨의 계산과 IBM 컴퓨터의 좌표가 일치하여 출발하였고 계산과 같이 도착하였다. 이후 미국이 1969년 아폴로 11호를 성공하는 원동력이 되었다고 한다. 이와 같이 하나님의 뜻인 진리를 향해 찾아 떠나는 생각의 여행은 정확히 예측하는 통찰력과 정확히 검증하는 창의력의 원천이 된다. 성경적 사고가 사회적 성공에도 도움을 주는 열쇠가 되는 비밀도 조금은 유추할 수 있다.

진리는 변해서도 안 되고 변할 수도 없는 것이기에 모든 가능성을 이처럼 검증할 필요가 있다. 수학적 검산에서 다른 식으로 풀어도 정답이 같아야 하듯 진리는 시대나 유행에 따라 변하지 말아야 하고 변해서도 안 되는 것이다. 이 책에서의 기독교를 이야기하는 것도 이러한 과정이라 생각하면 좋겠다. 처음부터 기독교에 대한 우선적인 관심은 없었으나 유럽에서 만난 기독교는 우리가 그동안 알았던 기독교와는 차이가 있었다. 사랑(배려)이라는 기독교의 핵심적이며 본질적인 가치를 이들은 더 실천하고 있다는 자연스럽게 생각이 들게 되었다. 그 사랑과 배려의 마음이 우리가 살아가는 지금의 현실에서 가장 필요한 가치라는 생각이 든다.

애석하게도 죽고 살기로 살아야 하는 승자독식의 자본주의에서 지금의 기독교는 필연적으로 우선순위에서 밀려나 있다. 가족과 친구 같은 소중한 많은 것들도 때로는 소홀히 살아가는 경우도 많다. 결국 창의력과 통찰력과 인성을 겸비한 인재가 될 기회도 잃는 것만 같다.

자본주의(Capitalism)와 기독교인(Christian)

요즘 유럽에서도 기독교가 많이 쇠퇴하고 있다. 가장 큰 원인을 거슬러 올라가면 이 시대를 덮고 있는 자본주의(Capitalism)가 있다. 그렇다면 그 원인이 되며 많은 부작용이 있는 자본의 정체가 무엇일까? EBS 다큐멘터리에서 자본주의에 대한 설명의 시작은 "돈(자본)은 빚이다."라는 이 한 문장으로 시작한다. 빚(부채)에는 반드시 이자(금리)가 붙게 되고 그 이자를 갚기 위해 부지런히 일을 해야만 하는 세상이 자본주의의 핵심이다. 성실한 노동의 의무가 자본주의의 동력이 되어 과학과 기술이 발전하고 사람들의 삶은 훨씬 더 풍요로워진 것은 부인할 수 없지만 부작용도 만만치 않다. 주로 과열된 경쟁으로 인한 과열된 속도에 의한 것들이다. 한 마디로 이 시대 자본주의의에서의 삶은 너무나 치열한 삶이 되었다. 자본주의에 탁월하게 적응한 자본가들의 틈바구니에서 보통 사람들은 무리하게 따라가는 일종의 'Over pace'가 될 수밖에 없다. 그래서 자본주의에서의 가장 중요한 문제는 과한 경쟁으로 이어지는 속도이다. 국가에서의 주된 역할이 바로 속도 조절을 하는 통제의 역할이라고 보면 된다. 자본이 빚으로 연결되니 끊임없이 이자와 유지비를 갚을 정도의 돈을 벌어야 파산을 면할 수 있어 끊임없이 일하고 성장해야 한다.

사실 우리나라는 세계에서 유래를 찾을 수 없을 만큼의 대단한 경제적인 성장을 했다. 한 마디로 자본주의에의 적응은 잘 한다는 이야기이다. 그 과정에서 우리에게 많은 분야에서 경제 못지않게 대단히 좋은 성과를 거두었다. 매우 중요한 민주화를 이루었고 이를 발판으로 복지에서도 좋은 평가가 많다. 그러나 우리나라만의 후유증 또한 만만치 않다. 이 시대 우리에게 닥친 큰 문제들은 대부분이 자본주의의 후유증이라고 봐도 무방하며 상당히 심각한 상태임은 확실해 보인다. 그러나 이 자본주의의 부작용이 무어라고 해도 현재로서는 민주주의적 자본주의를 끌어안고 가야만 한다. 자본주의가 우리를 가난에서 벗어나게도 했고 공산주의를 무너뜨리고 우리에게 자유를 누릴 수 있게 했기 때문이다. 자유를 부정하는 삶은 상상할 수 없다. 민주주의적 자본주의는 필연적으로 받아들여야 할 숙명으로 잘 어르고 달래는 즉 제대로 관리하는 방법이 최선이 아닐까 생각된다.

　이 시대의 자본주의에서 일반인들의 삶은 생존을 위한 흔한 말로 죽기 살기로 견디고 버텨야 살아남는 세상이 되고 있다. 어

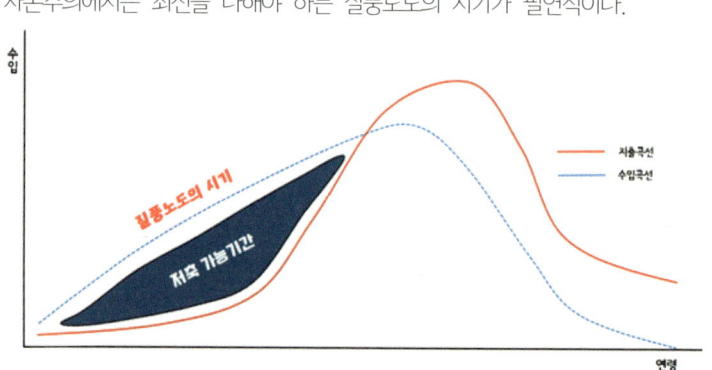

자본주의에서는 최선을 다해야 하는 질풍노도의 시기가 필연적이다.

느 사람들이나 어느 기업이나 자본주의에서는 생존을 위해 절박하게 경쟁해야 하는 영역과 시기가 반드시 존재하기 때문이다. 생존을 위해 일을 해야 하는 상황에서 신앙생활은 후 순위로 밀려나 신앙인답게 살지 못할 가능성이 매우 크다. 이들이 베풀고 배려하지 못해 비난의 대상이 된다고 하여도 이 시대의 치열한 경쟁 속에 있는 현실 앞에 참된 기독교인으로 산다는 것은 쉽지 않다. 그러나 언제까지 이렇게 살아갈 것인가? 우리는 보다 냉철하게 돌아볼 필요가 있다. 최소한 대한민국 국민의 일반적인 한 사람으로 본다면 가난으로 표현되는 생존의 시기는 이미 벗어난 것은 확실한데 그 시기의(먹고 살기 위해 몸부림치던 생존의 시기) 습관과 생각들을 여전히 버리지 못하는 모습을 돌아보아야 한다. 어쩌면 이러한 욕심과 습관들 때문에 기독교인들이 세상에서 비난의 대상이 되고 있다. 안타깝게도 기독교인들이 완벽한 신앙인의 자세로 세상을 산다면 자본주의 성장기에서 적응이 어렵기 때문이다. 그럼에도 우리는 신앙인의 길을 반드시 가야만 한다. 돈이 우선되는 삶이 아닌 기독교인다운 삶이 우선되어야 한다. 자본주의를 살아가는 기독교인들은 더 많이 노력해야만 한다. 우리는 더 노력하고 더 공부하여 자본을 잘 다스릴 줄 아는 선량한 관리자의 삶을 살아가야 한다. 그리고 실제로 자본주의에서 질풍노도의 성장기가 지나면 신앙인의 자세, 즉 사랑하고 배려하는 삶이 더 경쟁력도 생긴다. 신뢰하는 사람, 신뢰하는 기업의 바탕이 되며 대기업 CEO가 갖춰야 할 중요한 덕목이 인성인 이유이기도 하다.

기독교인의 진정성(Integrity)

자본주의를 통해 가난을 벗어나고 풍요를 얻었으나 사랑과 배려가 절실한 시대가 되었다. 그런데 사랑과 배려의 대명사라고 할 수 있는 기독교는 이 시대에 왜 쇠퇴하는가? 생각해 보면 쉽게 이해가 되지 않는 아이러니라고 할 수 있다. 그렇지만 역설적으로 기독교인들에게는 좋은 기회가 될 수 있음을 확신한다. 그 원인을 돌아보고 함께 각성하고 회개한다면 말이다. 지금의 기독교가 어려움을 겪고 있는 이유는 다양하고 많겠지만 내부적 큰 이유 하나를 고른다면 진정성을 잃어버린 것 아닌가 한다. 우리는 우리의 진심을 쉽게 표현하기 어려운 시대에 살고 있다. 진심으로 접근하면 때로 손해가 되기도 하니 습관적으로 우리는 우리를 가리며 겉과 속이 다른 삶을 살아가고 있다. 기독교는 겉으로 드러나는 것들보다 그 과정과 마음이 훨씬 중요한 종교이다. 기독교인에게 중요한 십계명을 비롯한 성경의 많은 구절에서도 나쁜 행동 이전에 나쁜 마음 자체가 죄가 되는 내용이 많이 있다. 승자독식의 냉혹한 자본주의에서의 적응을 위해 기독교인들도 기독교인다운 모습을 잃어간다. 세상은 점점 획일화되고 표준화되어 가듯 결과적으로 세상 사람들과 별반 다를 게 없는 구별되지 못한 삶이 더 자연스럽다. 이로써 기독교인들에 대한 기대가 큰 실망으로 바뀌어 기독교가 빠르게 쇠퇴하는 것은 아닌가? 되짚어 본다.

아마도 기독교인이 아니어도 우리는 사랑과 배려를 기본으로 하는 함께하는 삶을 원할 것이다. 그런데 여기에서 중요한 것은 사회 구성원들이 충분히 공감하고 모두가 함께 하지 않으면 그 효과는 미약하다. 서로 간에 또 다른 논쟁거리가 되어 결국 실패할 가능성이 매우 크다. 단언하지만 함께해야 효과가 있다. 기독교인들은 그때까지 모두가 공감하고 함께하도록 묵묵히 마중물 역할을 해야만 한다. 서로 공감하며 법제화되도록 노력해야 한다. 수단과 방법을 가리지 않고 살아야만 생존하는 영역이 많이 존재하는 이 시대에 기독교인들에게는 많은 제약이 따를 것이다. 그러함에도 선하게 돈을 벌고 선하게 사용하는 삶 또한 매우 중요하다, 물론 다른 사람들보다 더 노력해야 한다. 궁극적으로 결과만큼 과정도 중요하게 생각하고 생각과 행동이 일치하는 진정성 있는 삶이 핵심이다. 결국 모든 것 위에 사랑이 있다.

광장에 시장이 열린다. - 어디에서나 삶은 치열한 경쟁의 연속이다.

억울함에 대하여

우리가 사는 세상은 점점 좋아지는가? 누구나 이런 질문을 듣는다면 이에 대한 대답은 부정적인 대답도 많을 것 같다. 세상은 이전보다 풍요해지는 것은 확실하지만 이에 따른 부작용도 커지고 있다. 특히 이 세상이 점점 선(善)해지는가? 라는 질문에 많은 사람들이 그 정반대라고 대답할 것 같다. 그렇다면 왜 점점 선이 사라지고 악이 커지는 걸까? 우리 인류의 숙제라고 할 수 있겠다.

이에 대한 실마리 같은 대답이 성경에서 찾을 수 있다. 성경은 쉽게 이해하기에는 어려운 방대한 양을 가지며 때로는 직접적인 말씀도 있지만 비유나 쉽게 이해하기 어려운 심오한 철학적 말씀도 많다. 따라서 성경 말씀에 대한 이해는 쉽지 않고 해석에 따라 견해가 달라지기도 한다. 성경에는 십계명이 있는데 쉽게 말해서 하나님이 인간에게 너희는 이렇게 살라고 하신 삶의 지침 10가지를 십계명이라고 한다. 십계명의 제9계명인 "네 이웃에 거짓 증거 하지 말라."라는 계명에 아마 작은 실마리 같은 답이 있다. 거짓 증거는 재판에서 위증하는 것으로 거짓말로 사람을 억울하게 하지 말라는 의미라고 한다. 이에 대한 어느 목사님의 해석이 아주 적절한 것 같아 그 부분의 의미를 그대로 옮겨 보면 "거짓 증거는 재판받는 사람에 대해 진술할 때 거짓말로 모함하지 말라는 뜻입니다. 만약 거짓말로 모함을 받는 사람은 매우 억울하겠지요. 사람이 억울한 일을 당하면 더 이상 선을 행하지 않습니다."

  이 말씀을 통해 우리가 많이 고민하던 이 세상이 점점 악해지는 이유를 조금이나마 깨달을 수 있으리라 생각된다. 물론 억울함이 악하게 되는 원인의 전부는 아니지만 아주 중요한 이유 중 하나임에는 틀림이 없다. 과거에 우리는 남대문이 불에 타서 깜짝 놀란 적이 있었다. 방화 이유가 관공서와의 민원에서 억울한 일을 당했다고 한 기억이 있다. 또 범죄자들의 대부분이 어릴 적 가정 폭력이 원인인 경우가 많다는 것을 보면 충분히 일리가 있어 보인다. "왜 이렇게 세상이 메말라 가는가?" "왜 이렇게 점점 악해 가는가?"에 대한 깊숙한 원인이 억울함이다. 그리고 심해지는 빈부격차, 부정부패, 고질적인 불평등, 인권 문제, 남녀 갈등, 수많은 문제의 이면에는 억울함이 자리 잡고 있다. 어쩌면 그 정점에는 자본주의가 자리 잡고 있다. 자본주의 사회에서 필연적으로 생기는 과한 경쟁이 억울함과 사회적 문제의 뿌리가 될 거라 생각된다. 죽기 아니면 살기로 살아야 하는 자본주의, 승자독식의 세상에서 경쟁력이 없는 사람에게 억울함은 당연하다.

  '한'이라는 우리 고유한 단어가 있는 것 같이 우리는 억울함에 익숙한 민족이다. 중2병, 높은 자살률, 높은 이혼율, 가정 폭력, 작은 충돌에도 욱하고 분노하는 사람들, 이제는 전 국민이 반으로 갈라져 싸워야 하는 정치 현실까지 헤아리기 어렵다. 답답하지만 나의 고민과 애로사항을 누구에게도 쉽게 털어놓기 어려운 사회가 되었다. 억울함이 만연해 가는 이 세상이기에 우리는 점점 선함을 잃어가는 그 현실을 맞이하는 것이 아닐까 생각된다. 균형이

노이슈반슈타인 성(Neuschwanstein Castle)을 가는 길에서 만난 작은 교회

깨진 세상, 극우와 극좌가 끝없이 갈등하는 세상의 시작도 서로가 나를 몰라주는 억울함에서 시작되었다.

세상이 다시 선하게 변하는 큰 흐름의 시작이며, 우리가 그토록 간절히 해결하고자 하는 숙제에 대한 해답이 오래전 성경에 있었다. 하나님은 결국은 사랑으로 요약되는 억울함이 없는 세상을 말씀하신다. 십계명에서 아홉 번째 계명인 "거짓 증거 하지 말라."라는 계명과 '실수'로 살인한 자에게 기회를 주는 '도피성' 제도에서도 타인에게나 사회에서나 "억울함이 없도록 하라"는 뜻을 이해할 수 있다. 그리고 예수님께서 비유로 말씀하신 한 마리 길 잃은 어린양 이야기도 억울함에 관한 뜻으로도 이해할 수 있다.

결국 점점 선을 잃어가는 그 원인과 그에 대한 처방을 아는 것은 매우 중요하다. 선함을 잃고 점점 악해지는 원인의 중심에 억울함이 있다면 억울함이 없는 세상을 만들기 위한 노력은 꼭 필요하다. 그 노력은 타인의 마음을 헤아릴 수 있는 이타적인 마음이 있어야 가능하다. 나와 더불어 타인을 사랑하고 배려하는 마음으로 접근해야 한다. 살다 보면 가장 견디기 힘든 것이 배신감과 억울함이다. 바로 믿음이 깨지는 일이 발생하기 때문이다. 그리스도인들이 더 많이 배려하고 더 많이 이해하고 사랑을 베풀어가다 보면 억울함과 배신감으로 더 이상 선을 행하지 않게 되는 메마른 악순환의 세상은 아닐 것이라 확신한다. 억울하지 않게 하라 단 한 사람이라도… 이 세상이 살만한 세상으로 선함이 넘치는 세상으로 바뀌기를 간절히 소망해 본다.

바람결로 세상을 이롭게
유럽을 느끼며 세상을 배우다

초판 1쇄 2024년 11월 2일

글쓴이 유진제이

펴낸곳 이분의일
주소 경기도 과천시 과천대로 2길 6, 과천테라스원 508호
전화 02-3679-5802
이메일 onehalf@1half.kr
홈페이지 www.1half.kr

출판등록, 제 2020-000015호
ⓒ유진제이, 2024
ISBN 979-11-988303-7-1 (03810)

이 책에 실린 글과 이미지의 무단복제를 금합니다.
이 책 내용의 전부 또는 일부를 재사용하려면 반드시 출판사의 동의를 받아야 합니다.